Nilza Menezes

ARREDA HOMEM
QUE AÍ VEM MULHER

Representações da Pombagira

FORTUNE

São Paulo

2009

Projeto Gráfico/Editoração/Capa Marcos Brescovici e Glória Pratas
Fotos Ronaldo Nina
Foto da Capa Ronaldo Nina
Revisão Ivonete Molino Luchesi

Ficha Catalográfica

Menezes, Nilza

Arreda homem que ai vem mulher, representações da Pombagira/ Nilza Menezes. São Paulo: Fortune, 2009. 144p.

ISBN 978-85-62990-00-7

Bibliografia

Originalmente apresentado como dissertação de Mestrado na Universidade Metodista de São Paulo.

1. Religiosidade afro-brasileira 2. Rituais afro-brasileiros - Porto Velho (RO) 3. Gênero 4. Representaçõe 5. Pombagira I. Título.

CDD 299.67309811

Fortune Comércio e Edição de Livros Ltda.
site: www.fortuneeditora.com.br
Rua Domingos João de Carvalho, 193
Itaim Paulista - São Paulo - SP
contate-nos@fortuneeditora.com.br

Sumário

APRESENTAÇÃO

SANDRA DUARTE DE SOUZA[1]

Há alguns anos atrás, mais precisamente em 2003, ministrando um curso Lato Sensu em Ciências da Religião em Porto Velho – RO, conheci Nilza Menezes, que iniciava sua especialização nessa área. Iniciamos um primeiro diálogo sobre seus interesses de pesquisa, que em princípio giravam em torno da área de história e tinham como objeto discutir a experiência religiosa de mulheres presidiárias. Com o aprofundamento do diálogo, entretanto, foi-se revelando algo que redirecionou nossa conversa: sua experiência religiosa e consequente acessibilidade junto aos grupos religiosos afro-brasileiros em Porto Velho – RO. Nas discussões que se seguiram, fomos desenhando a possibilidade de uma pesquisa posterior, em perspectiva de gênero, que pudesse tratar desse campo. Essa ideia inicial tomou forma e se transformou em uma dissertação de mestrado em Ciências da Religião. *Arreda homem que aí vem mulher: representações de gênero nas manifestações da pombagira*, foi o título original da dissertação defendida em 2007 no Programa de Pós-Graduação em Ciências da Religião da Universidade Metodista de São Paulo.

O recente e ainda acanhado reconhecimento acadêmico de pesquisas que abordam gênero e religião, indica para um campo que ainda precisa ser explorado. Se nos voltarmos para os estudos de gênero no universo das religiões afro-brasileiras, isso é ainda mais evidente. A escassez de trabalhos que articulem gênero e religiosidade afro-brasileira, por si só já justificaria a importância do presente livro. Porém, a singularidade do objeto, qual seja, as representações de gênero nas manifestações da Pombagira, reforça a sua relevância. Conforme

---

[1] Doutora em Ciências da Religião, professora do Programa de Pós-Graduação em Ciências da Religião da Universidade Metodista de São Paulo e coordenadora do Grupo de Estudos de Gênero e Religião – MANDRÁGORA/NETMAL.

aponta Monique Augras[2] em finais da década de 80, os escritos sobre religiões afro-brasileiras raramente tratam da figura da Pombagira. Ainda hoje são raros os escritos a esse respeito, e o livro de Nilza Menezes é um exercício de desocultamento dessa importante figura da religiosidade afro-brasileira.

Arreda homem que aí vem mulher é um ponto (canção) que canta a chegada das pombagiras no espaço ritual. Ele traduz a essência desse livro, que se propõe revelar e analisar, a partir da ambígua figura da Pombagira, as representações de gênero contidas no imaginário religioso afro-brasileiro. Ambígua porque nela se concentram representações que, ao mesmo tempo, reforçam os estereótipos de gênero de nossa sociedade e rompem com noções objetivadas acerca do feminino. Essa ambiguidade também se descortinou nas vozes das pessoas entrevistadas, que ao revelarem suas demandas, expressavam noções da Pombagira que variavam de sua força libertadora e não domesticável (mulheres sem dono, p.23), a sua capacidade sedutora e astuciosa (o demônio mulher, p.25). Na observação dos rituais e na fala das pessoas entrevistadas, ficou explícito aquilo que Stefania Capone sugere acerca da Pombagira: *Graças à fala do espírito, as mulheres médiuns contestam a supremacia dos homens e chegam a impor suas próprias condições e renegociar sua posição subalterna*[3]. Por outro lado, ela também é considerada como portadora do mal[4].

O texto foi organizado de tal maneira que o primeiro capítulo é uma espécie de apresentação da Pombagira, caracterizando-a e pontuando sua ambiguidade. No segundo capítulo, o olhar se debruça sobre o processo de construção da Pombagira do ponto de vista dos escritos acadêmicos, dos escritos de religiosos (da religiosidade afro-brasileira) e dos sujeitos entrevistados, bem como desenvolve alguns aspectos conceituais em diálogo com o objeto. Por fim, o terceiro e último capítulo dialoga com as representações da Pombagira encontradas no campo.

Vale destacar o precioso trabalho de campo realizado pela autora, que desenvolveu sua pesquisa em casas de candomblé e de umbanda no norte do Brasil, em Porto Velho, Rondônia. Na busca de interlocutores diversos, foram entrevistadas lideranças religiosas e também adeptos. Homens e mulheres que emprestaram suas vozes para tecer as linhas desse estudo. Junte-se a isso, a

---

[2] AUGRAS, Monique. De Yiá Mi a Pomba Gira: transformações e símbolos da libido. In: MOURA, Carlos Eugênio Marcondes de (org.). *Meu sinal está no teu corpo*. São Paulo: Edicon/Edusp, 1989.

[3] CAPONE, Stefania. *A busca da África no Candomblé*. Rio de Janeiro: Pallas, 2004, p. 32.

[4] AUGRAS, Monique, De Yiá Mi a Pomba Gira: transformações e símbolos da libido. In: MOURA, Carlos Eugênio Marcondes de (org.). *Meu sinal está no teu corpo*. São Paulo: Edicon/Edusp, 1989.

observação sistemática dos rituais, que incluiu também um cuidadoso registro visual do campo, comunicando imageticamente um universo rico em simbolismo.

Enfim, a leitura do livro de Nilza Menezes exige que comecemos com um ponto: *Arreda homem que aí vem mulher*!

Prefácio

Esse trabalho trata das representações de gênero nas manifestações da Pombagira[5]. O título do trabalho, "Arreda homem que aí vem mulher", surgiu inicialmente das observações dos rituais dedicados à Pombagira na condição de visitante, com o passar do tempo adepta, depois   marcado pela condição de adepta e pesquisadora.

"Arreda homem que aí vem mulher" é um "ponto" [6] muito significativo, uma vez que geralmente anuncia a chegada das mulheres (Pombagiras). É um abre-alas para que a mulher seja introduzida no espaço público, por meio do ritual. Proporciona a elas um espaço de manifestação que parece, e talvez seja, no primeiro momento concedido pelo homem, vigiado e controlado por ele, mas que abre uma imensa porta para que as

---

[5] Pombagira é uma entidade espiritual que se manifesta nos terreiros de Candomblé e Umbanda, cujas imagens apresentamos na narrativa fotográfica em anexo. Como um ser do mundo invisível ao "incorporar" nos médiuns, geralmente mulheres, assume-se como uma mulher que transgride normas, corajosa, sedutora, bela, sensual e perigosa. As pesquisas referentes ao tema, realizadas por cientistas sociais e religiosos e que tratam da sua definição encontram-na no entrecruzamento das religiões africanas e europeias com o espiritismo kardecista francês e a classificam como personagem popular no Brasil.

[6] Pontos são as músicas cantadas durante os rituais, que são a forma de manifestação (palavra), utilizada como doutrina pelas práticas religiosas afro-descendentes. Assim, durante os rituais é muito importante prestar atenção nos cantos, porque através deles se transmitem as mensagens que podem conter ironia, alegria, brincadeiras ou recados desaforados. Ponto também é reza, porque por meio deles se doutrina. Nesse trabalho os pontos foram importante material sinalizador para as hipóteses e foram coletados e analisados em capítulo específico.

mulheres se coloquem, muito embora de forma ambígua e exerçam poder no sentido em que Michel Foucault diz ser uma situação estratégica e complexa[7,] via sexualidade e feitiçaria.

Esse ponto, entre outros, marca a condução do nosso trabalho de pesquisa, porque delimita o momento da entrada das mulheres no palco ritual, onde passam a ter voz e usam essa manifestação para falar das tensões e relações de gênero. Esse espaço se estende aos seus cotidianos exercendo transformações em suas vidas. Dentro dessa manifestação, as diversas formas do feminino se apresentam trazendo uma multiplicidade de mulheres, o que chamamos de hibridação[8] diante das tantas mulheres ali representadas e rompendo questões raciais e sociais.

Ao ser entoado pelas mulheres, a conotação dada pelo ponto "Arreda homem que ai vem mulher..." é de como se estivesse sendo dito para que os homens saiam e dêem passagem às mulheres no espaço público. Parece uma ordem, uma determinação, uma sinalização de que as mulheres estão entrando para ocupar os seus espaços. Quando entoado pelos homens, é como se nesse momento vislumbrássemos o tapete vermelho colocado para que a mulher, como Rainha, adentre ao espaço social. Contudo, fica a sensação de que ao arredar e ficar olhando, observando o homem está cuidando da mulher, sendo que nesse cuidar há o controle. Porém, é importante salientar que a mulher parece encontrar nessa manifestação uma brecha de diálogo e solução dos seus problemas cotidianos na relação com o homem.

O trabalho buscou fazer uma leitura diferenciada sobre a figura da Pombagira, trazendo-a para o campo social, mostrando sua construção e suas funções, desmistificando sua associação com o mal que supomos, está relacionado com a sua função de intermediadora das relações amorosas, vinculadas ao poder por meio da sexualidade, além da sua manifestação como contestadora do papel feminino construído.

Nossas suposições nos fizeram pensar a Pombagira como um símbolo regulador da sexualidade feminina, visto que essa sua função faz com que seja relacionada ao mal. Apesar de algumas mulheres dizerem que não há entre elas e as suas Pombagiras nenhuma relação, percebemos existir entre elas uma relação muito forte e ao mesmo tempo um abismo. Esse abismo parece estar relacionado com a dificuldade de conciliação social entre as duas que aqui denominados

---

[7]   FOUCAULT, Michel. *História da Sexualidade*: *A vontade de saber*. Vol. 1, Rio de Janeiro: Graal, 1998.

[8]   CANCLINI, Nestor. *Culturas Híbridas*, São Paulo: Edusp, 2006.

uma de "formatada"[9] que é aquela mulher dentro dos padrões estabelecidos pela sociedade, e a outra, "mulher pública", uma expressão que, conforme Michelle Perrot[10], pode ter vários significados, inclusive no sentido em que estamos utilizando, o de servir para excluir, colocar à margem.

As hipóteses sobre a Pombagira fundaram-se na experiência religiosa, guiadas pela percepção de que entre as mulheres e as suas Pombagiras havia uma relação de o outro, "o estranho", "o oposto", ao mesmo tempo em que é parte da mesma pessoa. Uma outridade[11] que Octavio Paz, definiu como uma outra voz, separada da realidade cotidiana, antiga e, ao mesmo tempo atual, que fala no presente.

Observamos que os padrões sociais criaram uma mulher idealizada como aquela que foi feita "formatada" para casar, ter filhos, ser a esposa. A Pombagira traz as características da mulher pública, daquela que não está "formatada", A outra, a da rua, tratada como mulher da vida, sem juízo e sem dono e com tantos outros adjetivos que a diferenciam da mulher ideal, aquela que são causa de repulsa e fascínio.

A mulher é educada para ser a ideal. Não ser, é um desvio. Ter desejos é proibido e a Pombagira mora na casa dos desejos, que pode ser acessada pelo viés do transe, apossada por um espírito, e apossando-se dessa personalidade espiritual, torna-se possível manifestar o que a nossa entrevistada Rita da Oxum chamou de "parte oculta das mulheres". Porém, as naturalizações fazem-se presentes, o que talvez seja o maior causador da ambiguidade atribuída à Pombagira, que ao mesmo tempo que se apresenta como revolucionária reforça a ordem das coisas, reproduz as estruturas sociais objetivadas.

Com relação a tão propalada ambiguidade da Pombagira, referenciada pelos cientistas sociais, pelos religiosos e que se mostrou nas entrevistas e observações desse trabalho, devemos anotar que tudo que envolve a sua manifestação é marcado por essa ambiguidade. Da sua essência de boa e má às formas com que se apresenta. Tudo que lhe diz respeito é ambíguo, dual e possui duplo sentido.

A figura da Pombagira está ligada ao belo, que seduz e apaixona ao mesmo tempo em que remete ao que deve ser evitado por ser perigoso e pecaminoso. É referenciada como propiciadora da abertura de caminhos, da renovação, da vida

---

[9] Estamos usando a expressão "formatada" no mesmo sentido que Simone de Beauvoir (Beauvoir, Simone, O Segundo Sexo. Nova Fronteira, Rio de Janeiro, s/d) utilizou a "verdadeira mulher". Por formatada estamos definindo a mulher dentro de padrões sociais estabelecidos.

[10] PERROT, Michelle. *As mulheres ou os silêncios da história,* Bauru: Edusc, 2005.

[11] PAZ, Octavio. *La otra voz.* Barcelona: Seix Barral, 1990.

e da liberdade, mas também é a morte, porque é espírito. Diz-se que ela vem das profundezas do inferno, de um tempo e lugar distantes, que se materializa no fenômeno da incorporação manifestando-se no tempo e espaço presente e exteriorizando por meio dos seus símbolos o que Mircea Eliade[12] vai chamar de estilos culturais.

Os elementos utilizados por ela as flores, o perfume, as joias, roupas sensuais, são representações do feminino objetivado. No espaço ritual também estão presentes elementos como a bebida, o cigarro, a linguagem vulgar e outros elementos considerados masculinos. A Pombagira possui características, apontadas nas entrevistas, como maravilhosa e poderosa. O maravilhoso é ligado à beleza, à sedução, e o poder ligado à feitiçaria para o homem e contra o homem. Isso porque ela ao mesmo tempo em que trabalha para ter o homem, para que suas "clientes" tenham o seu homem, trabalha também para que esse homem seja dominado, colocado, por meio de feitiços, carinho ou força, sob o comando da mulher. Ela busca subjugar o homem não para destruí-lo, mas para romanticamente domina-lo, o que não impede que por ódio e vingança lance contra ele seus poderes de feiticeira.

Nos rituais dedicados à Pombagira (feminino), que geralmente ocorrem simultaneamente com os rituais dedicados a exu (masculino), percebemos na sua voz algumas "chaves" de leitura para trabalhos sobre gênero. Essas chaves nos foram dadas pela observação dos discursos da entidade[13] como uma mulher que não está submissa ao homem, mas que possui armas para lutar contra ele, na busca de criar artifícios para tê-lo como seu aliado por meio da sedução, ou por meio da feitiçaria, para exercer sobre ele poder e controle. Conforme observa Nancy Cardoso Pereira14, "é no campo das expressões religiosas que as mulheres encontraram espaços para a resistência e sobrevivência."

Ainda conforme Nancy Cardoso Pereira[15], expressões religiosas tidas como alienadoras e como obstáculos podem nos servir para conhecer e avaliar a história das mulheres, sendo a religiosidade extremamente vinculada à luta diária

---

[12] ELIADE, Mircea. *Imagens e Símbolos*. São Paulo: Martins Fontes, 1991.

[13] Estamos chamando de discursos da entidade as suas falas durante os rituais, quando se dirige às pessoas fazendo comentários ou dando conselhos. Na casa de Rita da Oxum a sua Pombagira durante os rituais fazia uso da palavra dirigindo-se às pessoas presentes, numa espécie de pregação, fazendo previsões e dando conselhos.

[14] PEREIRA, Nancy Cardoso. "Malditas, Gozosas e Devotas. Mulher e Religião". In: *Mandrágora*, n. 03, São Bernardo do Campo: Umesp, 1996, p.9/14.

[15] PEREIRA, Nancy Cardoso. "Malditas, Gozosas e Devotas. Mulher e Religião". In: *Mandrágora*, n. 03, São Bernardo do Campo: Umesp, 1996, p.9/14.

pela vida, que pode ser compreendida como forma alternativa de organização e convivência[16]. Isso é importante porque nos espaços de vivência onde ocorrem manifestações da Pombagira, ela enquanto entidade liberta as mulheres dos seus papéis tradicionalmente construídos e as libera para assumir um comportamento mais libertino.

Observamos que a maior parte da literatura produzida sobre a Pombagira realizada por religiosos prende-se a descrever as características das Pombagiras, assim como dar receitas de "feitiços" realizados por elas[17] Eles próprios apresentam-na como um ser perigoso e astucioso que tanto pode fazer o mal quanto o bem, sendo certo que ela possui poderes assustadores.

Na cultura popular[18], a Pombagira é descrita como uma mulher vulgar, forte, debochada, perigosa e transgressora, mas sedutora. É importante observar que ela sempre aparece como uma mulher que exerce o poder, que tem "armas" para lutar com e contra o homem, seja a sedução, a malícia, a feitiçaria ou uma faca. Os saberes da Pombagira passam pela sexualidade e a forma com que ela se apresenta. Ao falar de sexo nos remete ao que Michel Foucault[19] diz ser o "sexo em discurso" fazendo uma ligação entre o saber, o poder e o sexo.

Ela é uma figura a ser destruída e essa necessidade da sua destruição está sempre ligada ao mal que ela representa. A associação da Pombagira ao mal é muito ampla. Ela é associada à figura do diabo com poderes contra os homens, ou relacionada a tudo que é pecado ou proibido, a tudo que exerce controle sobre o corpo da mulher. Pode ser a Igreja, o Estado, a Medicina. Como exemplo, podemos citar o fato de que, em algumas Igrejas neopentecostais, ela é associada ao mal que deve ser extirpado. Para tanto, é dedicado trabalho especial de afastamento da Pombagira, especificamente do corpo das mulheres[20].

O trabalho de campo nos sinalizou que a Pombagira tem como função específica ajudar às mulheres no seu cotidiano, aconselhar e interferir nos seus problemas domésticos e sexuais, além de auxiliar a vida financeira, a saúde, a harmonia da família. Enfim, está diretamente ligada às questões terrenas para auxiliar no equilíbrio da vida. Ela sofre uma grande carga de preconceito pela

---

[16] PEREIRA, Nancy Cardoso. "Malditas, Gozosas e Devotas. Mulher e Religião". In: *Mandrágora*, n. 03, São Bernardo do Campo: Umesp, 1996, p.9/14.

[17] TEIXEIRA NETO, Antonio Alves. *A magia e os encantos da Pombagira*. Rio de Janeiro: Editora Eco, s/d.

[18] Cultura popular é aqui utilizada no sentido de conhecimento popular, expressado pelas pessoas definidas como de senso comum.

[19] FOUCAULT, Michel. *História da Sexualidade. A Vontade de Saber* vol. I. Rio de Janeiro: Graal, 1988.

[20] Essa afirmação é feita em razão das diversas observações realizadas na Igreja Universal do Reino de Deus. Afastar a Pombagira do corpo das mulheres é uma prática comum, aberta, durante os cultos.

forma com que se apresenta. Tem sua imagem ligada à prostituição, à imagem de uma mulher de "vida livre" que possui diversos homens e que pode causar mal a eles por meio da sedução e do controle.

Assim, esse trabalho motivado pelas observações dos pontos, dos rituais e das falas das Pombagiras foi sendo formulado, a partir do pressuposto de que a manifestação da Pombagira, conforme indicava a bibliografia, oferecia possibilidades de leituras sobre as relações e tensões de gênero. O trabalho foi proposto na perspectiva das ciências sociais, com o uso de bibliografia da religiosidade afro-brasileira e das teorias das representações sociais e de gênero, estes articulados com os conceitos de rito e cotidiano.

A pesquisa de campo foi realizada na cidade de Porto Velho, estado de Rondônia, em casas religiosas identificadas como pertencentes ao Candomblé e à Umbanda. Lembramos que existe no local um número aproximado de cento e cinqüenta casas de práticas religiosas onde ocorrem as manifestações da Pombagira21. É importante observar que a maioria dos sacerdotes é oriunda de outras regiões do Brasil[22], principalmente dos estados do Nordeste e do Rio de Janeiro, os quais nos diversos processos migratórios, se estabeleceram na cidade trazendo também os seus "axés"[23]. Sendo assim, as casas religiosas possuem vínculos pelo processo de família de santo[24]. Há um permanente intercâmbio entre os líderes das casas religiosas com diversas regiões do Brasil, o que nos permite pensar numa possível plasticidade na manifestação da Pombagira.

Nossa metodologia seguiu parâmetros estipulados no projeto, contudo foram necessárias algumas flexibilizações e adaptações no decorrer da pesquisa, o que Minayo define como criatividade do pesquisador[25]. Nas observações dos rituais, por exemplo, não foi possível realizar entrevistas em razão do som dos tambores e, em alguns casos, a falta de iluminação não nos permitiu fazer ano-

---

[21] Esses dados, embora não publicados, fazem parte de levantamento que vem sendo realizado por pesquisadores e são discutidos e divulgados em palestras, debates e manifestações sobre a cultura afro-descendente na região. O Professor e pesquisador, Dr. Marco Domingues Teixeira nos informou que o número, ainda não oficial, é de vinte e oito casas identificadas como de Candomblé e cento e trinta de Umbanda.

[22] LIMA, Marta Valéria. *História e Estrutura Ritual de um terreiro gege-nagô em Porto Velho-RO*. http://www.primeiraversao.unir.br/artigo112.html. Acessado em 13.06.2007.

[23] A palavra axé que representa energia, força é usada também para referir-se a casa religiosa onde está plantado o axé, que significa força, energia daquele sacerdote e daquela comunidade.

[24] Os laços formados na religiosidade afro são os de uma família. Quando alguém é iniciado ele passa a ser "filho de santo" do Babalorixá (sacerdote) ou da Yalorixá (sacerdotisa) que o inicia. Por consequência esses laços são estendidos aos outros adeptos que já fazem parte da família ou que vierem a fazê-lo como irmãos, alcançando avós, bisavós, tios etc.

[25] MINAYO, Maria Cecília de Souza. "Ciência e Arte: o desafio da pesquisa social". In: *Pesquisa Social*. Petrópolis: Vozes, 1994.

tações ou fotografar. Realizamos uma pesquisa qualitativa com a inserção em campo, através da observação participante, lembrando as observações de Maria Cecília Minayo de que uma pesquisa qualitativa responde a questões muito particulares, e que não pode ser quantificada, pois estaremos analisando significados, motivações, crenças e valores[26].

A observação dos rituais obedeceu aos calendários das casas pesquisadas, de acordo com a permissão dos sacerdotes dirigentes. As casas pesquisadas foram cinco, mas também realizamos algumas entrevistas fora do contexto dos templos com sacerdotes e adeptos de outros grupos para garantir a diversidade. As casas pesquisadas foram: Ilê de Nagô de Yemanjá Ogunté que tem como dirigente o Babalorixá Roberto de Yemanjá Ogunté[27]. É uma casa que pertence à nação nagô e onde também se pratica Jurema, e que tem suas raízes na cidade de João Pessoa/PB. Além de realizarmos entrevistas e observações, essa casa foi nosso ponto de apoio para esclarecimentos de dúvidas, conforme acertado com o sacerdote chefe. Em razão de ser a única casa dirigida por um sacerdote do sexo masculino gerou a necessidade de que fossem observadas outras casas com as mesmas características. A observação dos rituais na casa do Babalorixá Roberto de Yemanjá e nas outras casas todas dirigidas por mulheres, apresentou distinções na forma estética do ritual. Assim, observamos também na casa dirigida pelo Doté Beto de Bessém[28] da nação Gege. Embora sejam de nações religiosas diferentes, uma originária da Paraíba e pertencente ao Nagô, e outra do Pará, pertencente ao Gege, possuem características próximas em razão se serem dirigidas por homens e contarem com grande número de adeptos tanto dos dois sexos.

Observamos também a casa dirigida pela Doné Fátima de Oyá[29], que moveu o nosso interesse por sua clientela bastante diversificada. Conforme observações da própria sacerdotisa na entrevista realizada para avaliação do campo, "parte dos seus clientes pertencia a uma classe social privilegiada". A casa possui estrutura quanto ao espaço e forma de culto similar às casas do Babalorixá Roberto de Yemanjá e do Doté Beto de Bessém, com relação ao uso de tambores[30],

---

[26] MINAYO, Maria Cecília de Souza. "Ciência e Arte: o desafio da pesquisa social". In: *Pesquisa Social*. Petrópolis: Vozes, 1994.

[27] Babalorixá Roberto de Yemanjá Ogunté. Entrevista realizada no dia 15 de setembro de 2006.

[28] Doté Beto de Bessém. Entrevista realizada no dia 20 de março de 2007.

[29] Doné Fátima de Oyá. Entrevistas realizadas nos dias 28 de janeiro e 20 de setembro de 2006.

[30] Essa questão do uso ou não dos tambores nas casas pesquisadas, e que conforme demonstramos no diagrama em anexo (p. 119) produz uma estrutura diferenciada na estética dos rituais, é uma opção do dirigente da casa religiosa. Os motivos são os mais diversos, e podem estar relacionados ao espaço e localização do templo, pela presença no grupo de ogãs tocadores, pelo poder aquisitivo para adquirir os atabaques ou pela própria tradição da cada grupo. Algumas casas na ausência dos atabaques fazem uso das palmas, outras até

ao grande número de membros participantes de ambos os sexos e espaço físico.

Realizamos observações na casa classificada como de Umbanda dirigida por Mãe Rita de Oxum[31]. Conforme a dirigente, a sua Pombagira atende principalmente mulheres com problemas com seus maridos, namorados e companheiros. A observação da dona da casa é de que a maioria das suas clientes, ou clientes da sua Pombagira "são as mulheres mais machucadas, mais maltratadas pela vida", fator que motivou nosso interesse pela casa. Também estivemos realizando observações na casa dirigida pela Yalorixá Clotilde de Iansã[32], denominada Choupana da Jurema, escolhida pela sua formação especificamente de mulheres e que na realização do trabalho exploratório de campo sinalizou as hipóteses para a pesquisa quanto às funções da Pombagira.

Essas casas realizam regularmente rituais dedicados à entidade Pombagira. A Doné Fátima de Oyá, e Rita da Oxum informaram que suas Pombagiras são as entidades que atendem aos clientes e que elas são, as provedoras das casas, em virtude de ser por elas que os clientes vêm e trazem trabalho, dinheiro e prestígio para as sacerdotisas.

Essas informações nos sinalizam algo importante para a nossa pesquisa, pois a entidade Pombagira, uma mulher, é a mantenedora da casa e o canal por onde as sacerdotisas exercem o poder. No caso do babalorixá Roberto de Yemanjá, em diversas ocasiões ele observou que quem sustenta uma casa é o Exu, que é quem lhe traz trabalho é exu. Portanto, sendo a Pombagira o feminino de Exu, essa relação parece bastante natural.

As casas pesquisadas oferecem festas ou rituais durante todo o ano. Nas casas de Candomblé, conforme estrutura da religião nenhum trabalho religioso é feito sem que antes seja feita uma obrigação aos exus e existem ainda dias determinados pelo sacerdote ou pela sacerdotisa da casa, ou pela própria entidade, designando dia e hora para trabalhos. Também existem os trabalhos feitos para clientes ocasiões em que a manifestação por meio da incorporação ocorre, sem que haja preparativos. Geralmente, as casas realizam pelo menos uma vez por mês um ritual dedicado a Exu e Pombagira, no entanto, no mês de agosto elas ganham mais força e colorido em razão de ser o mês dedicado especialmente a elas. Assim, as observações podem ser feitas e reforçadas durante todo o ano, porém, no mês de agosto ocorrem festas especiais, e por isso realizamos grande

---

mesmo o uso de som eletrônico

[31] Rita da Oxum. Entrevistas realizadas nos dias 02 de fevereiro e 12 de agosto de 2006.

[32] Yalorixá Clotilde de Yansã. Entrevista realizada no dia 10 de novembro de 2006.

parte do trabalho de observação nesse período no ano de 2006.

Na Casa de Fátima de Oyá, no dia 26 de agosto aconteceu a Festa de Dona Maria Padilha, que incorpora na sacerdotisa chefe da casa. Observamos também o ritual do Ilê de Nagô de Yemanjá Ogunté na Casa do Babalorixá Roberto Athayde, por ocasião da festa da cigana Rosalinda, que incorpora em Marcio da Oxum[33] e é a mais antiga Pombagira da casa e por isso recebe festa especial, sendo muito popular com os clientes. Realizamos observações também na casa de Clotilde de Yansã por ocasião de ritual dedicado às Pombagiras. Na casa de Rita da Oxum estivemos diversas vezes, pois todas as primeiras segundas-feiras do mês ela realiza trabalhos com a Pombagira.

Foram realizadas 13 entrevistas, que aconteceram conforme disponibilidade e concordância em conceder a entrevista. Inicialmente fizemos contato com os líderes das casas e após convidamos algumas pessoas que encontramos nos rituais. Apresentamos cada um dos entrevistados e entrevistadas com pequena biografia, que se encontra em anexo (p.115). Assim durante o trabalho ao referenciarmos as entrevistas apenas os citaremos pelo nome com o qual solicitaram fossem identificados que é a forma como são tratados dentro da comunidade religiosa. As diferentes formas de identificá-los prendem-se à nação religiosa das quais os mesmos fazem parte.

Realizamos coleta de pontos, que são as músicas cantadas durante o ritual tanto pelos sacerdotes e adeptos, quanto pelas entidades. Esse é um dos importantes elementos para a apreensão do nosso objeto e foram coletados nos rituais observados e também na Internet.

Apresentamos um anexo com imagens da Pombagira (p.125/126). Esse material foi coletado na internet e teve o intuito de mostrar como as pessoas de maneira geral, a imaginam e a representam, ou seja, como é essa mulher – a Pombagira.

Abordamos a questão da diferença entre as casas dirigidas por homens e por mulheres. Como forma de ilustrar o que observamos, apresentamos em anexo diagrama que mostra a disposição das pessoas nos rituais.

Também realizamos levantamento fotográfico com a ajuda do fotógrafo Ronaldo Nina. O material coletado foi muito grande e na impossibilidade de apresentá-lo na íntegra, optamos por uma narrativa fotográfica que buscou mostrar a diversidade de Pombagiras e das mulheres que interagem com ela. Também direcionamos nosso olhar para seus objetos e as questões da estética ritual abor-

---

[33] Marcio da Oxum. Entrevista realizada no dia 06 de setembro de 2006.

dadas no trabalho.

O primeiro capítulo apresenta uma leitura proporcionada pelas entrevistas, discutindo as funções da Pombagira e buscando entender algumas das representações relacionadas à sua figura como a beleza e o mal. No segundo capítulo nos dedicamos a uma revisão sobre a sua construção convergindo cientistas sociais, religiosos e nossos entrevistados e entrevistadas, pontuando alguns conceitos que nos auxiliaram na pesquisa. No terceiro capítulo tratamos das representações propriamente ditas, objeto da pesquisa.

Pombagira:
quem é essa mulher?

lgumas das funções e representações da Pombagira serão analisadas neste trabalho buscando entender quem é essa mulher. Inicialmente sua função dentro da religiosidade afro-brasileira foi referenciada por nossos entrevistados e entrevistadas como uma energia feminina que abre os caminhos e protege. Exerce importante função na vida das pessoas, recebendo oferendas e rituais em sua homenagem. A sua figura em alguns momentos se apresenta como uma grande confusão, pois é adorada e temida, é boa e má, é a vida e vem da morte.

Partindo da premissa de que a Pombagira propicia discussões de gênero, nos perguntamos sobre suas funções nos rituais e no cotidiano, pautando pelas representações do feminino, supondo que a sua relação com o mal estaria ligada à sua função reguladora da sexualidade. Questionamos sobre o mal atribuído à Pombagira, e sobre suas funções o que resultou em duas respostas: as funções religiosas e as funções cotidianas. Tanto a religiosa quanto a cotidiana servem para proteção, e se na função religiosa ela abre os caminhos, também no cotidiano ela vai ter essa função. Essa abertura de caminho tem função dual e ambígua porque leva à realização profissional buscando independência e liberdade, e na realização do amor de forma conservadora. O mal nos pareceu relacionado à sua função de símbolo da sexualidade.

Toda a sua construção é marcada por contradições que a definem como ambígua e dual e que marca os escritos sobre a mesma tanto de pesquisadores quanto de religiosos. Ambiguidade essa que também marcou as nossas entrevistas, muito embora, conforme temos observado com relação a todos os seus aspectos, as ambiguidades, distinções, variações não provocam rompimentos e diferenças, acabando por se apresentar de maneira coerente quando ultrapassamos a sua função religiosa e a trazemos para o espaço social e discutimos suas funções no cotidiano.

No cotidiano das mulheres que interagem com ela, sua função é a de ajudar no sentido material e sentimental, incentivando as mulheres a se realizarem profissionalmente e emocionalmente. Esse sentimental está relacionado a todos os tipos de relacionamento. Casamentos, namoros, e outras formas de relacionamento entre os sexos, quebrando paradigmas biológicos e sociais.

Uma questão importante que recai sobre a Pombagira é que ela se apresenta de forma amoral, ou seja, ela atende aos pedidos de forma direta sem questionar se é ético ou não. Ela realiza desejos. Por exemplo: a mulher pede um namorado ou marido e esse homem já se relaciona com outra pessoa. Para a Pombagira o que vale é o desejo da pessoa e ela vai atender ao pedido sem questionamentos.

Nas nossas observações percebemos que critérios éticos nesse sentido são utilizados e depende da educação da dirigente da casa. Se a sacerdotisa da casa tem esses princípios na sua vida pessoal eles podem aparecer no ritual e na manifestação da Pombagira. Na casa de Clotilde de Yansã, percebemos no trabalho de campo que a sua Pombagira, Dona Rosa Caveira, se irritava com as clientes chamando a atenção para o fato de que elas vinham ao terreiro apenas ara pedirem homem. Alertava às mulheres presentes ao ritual que elas deviam trabalhar e estudar e que não daria a elas homens que já tinham donas.

Em todas as observações percebemos que esse critério moralizador fazia parte da cultura, da classe social e do grupo ao qual a pessoa pertencia. Os valores estavam vinculados ao meio social de cada grupo, ou das pessoas, refletindo nas suas práticas cotidianas. Por isso, frisa José Machado Pais[34] que para falar do cotidiano é preciso estar atento a complexa relação que existe entre o social e o individual.

Geralmente, a manifestação da Pombagira, se processa dentro de uma

---

[34] PAIS, José Machado. *Vida Cotidiana: enigmas e revelações.* São Paulo: Cortez, 2003.

diversidade de grupos, de culturas e classes sociais, acabando por ocorrer aí também um hibridismo em face das diferentes identidades no mesmo espaço. Conforme observa Homi Bhabha[35] no caso da cultura isso é apenas uma "meia passagem" que ocorre dentro de um processo de tensão, de deslocamento que não se totaliza e que é construída a partir da perspectiva de minorias destituídas.

Podemos pensar na Pombagira como representante de minorias excluídas, seja pela sua relação com a religiosidade afro ou pela sua possibilidade de congregar diversas minorias e ainda por se multifacetar de forma que permita tantas interpretações e que caiba em várias formas de cultos permitindo a sua ida para outras práticas. Essas observações são no sentido que já mencionamos de referenciais em outros modelos religiosos que nos permitem fazer relação com a Pombagira. Como exemplo, citamos as mestras[36], as baianas[37] e as princesas[38].

Para nossas entrevistadas e entrevistados a Pombagira é muito procurada pelas mulheres para resolver diversos problemas, mas o amor, a realização no casamento, a possibilidade de um homem provedor ainda é o que elas mais procuram, aparecendo como função primeira.

Nas entrevistas, ao questionarmos sobre as funções da Pombagira afirmou-se que ela guarda na sua origem a função de protetora, daquela que abre os caminhos o que está relacionado com a sua africanidade. Na prática cotidiana é remetida à função de auxiliadora, principalmente das mulheres nas questões do amor. As distinções encontradas nos parecem relacionadas à condição financeira ou intelectual, ou com a formação religiosa de cada entrevistada ou entrevistado e, claro, do tipo de pessoas que freqüentam a casa.

No entanto, conforme já observamos, a variedade forma uma diversidade o que também proporciona a alegada ambiguidade na manifestação da Pombagira. Na mesma casa por existirem diversas pessoas trabalhando, que significa incorporando com a Pombagira e elas serem diferentes pode haver diferenças nas

---

[35] BHABHA, Homi.K. *O Local da Cultura*. Belo Horizonte: Ed. UFMG, 1998, p. 22/25.

[36] Mestra é uma entidade que se manifesta nas praticas de Jurema, que é definida como feminina, podendo ter diversas funções que vão da cura à demanda. Em alguns momentos nos rituais a manifestação da mestra nos remeteu às Pombagiras pela sensualidade, linguajar, estética, construção e funções. Como exemplo, citamos a Mestra Paulina que se apresenta como uma mulher da beira do cais, sendo referenciada como mulher da vida, mulher de cabaré etc.

[37] Baianas também são entidades femininas que se manifestam nos rituais e que se apresentam de forma mais recatadas que as Pombagiras, no entanto gostam de beber e realizar trabalhos que se assemelham aos da Pombagira nas relações afetivas das pessoas.

[38] Princesas são entidades femininas que se manifestam na Encantaria que é um modelo religioso presente na região Norte. As princesas também apresentam características muito próximas, uma vez que também se dedicam a casos sentimentais de forma mais romantizada ou dissimulada que a Pombagira.

posturas, assim como pela forma com que as clientes pedem e o que pedem pode levar a tomar atitudes diferenciadas e contraditórias. Isso quer dizer que a mesma Pombagira que atendeu a uma cliente pedindo namorado ou marido pode atender logo após alguém pedindo um amante, ou o marido de alguém. A Pombagira não pergunta sobre o assunto, ela pergunta o que se quer e manda desejar e ela vai agir como a transportadora daquele desejo, daquela ação que se pediu.

Para o Doté Carlos de Togbô[39] o que as mulheres mais pedem às Pombagiras é:

> Amor. Amor, compreensão de um amor não compreendido não correspondido pela parte masculina. Atração sentimental e que deixa ressurgir da mulher a parte escondida que essa coisa, não aquele lado depravador, mas o lado forte da mulher.

Para a Doné Fátima de Oyá as possibilidades são amplas. Ela observa que:

> Olha, se é mulher pede homem e namorado, pede amarração de marido. Quando é homem ele quer que abra os caminhos para os negócios, mas tem homens que pedem mulher também.

Quanto às representações do feminino por meio da fala, o que buscamos nas entrevistas foi apreender o que era entendido pelos entrevistados/as como coisas de mulher. A Figura da Pombagira é relacionada a tudo que é feminino, ou que se acredita seja feminino. Joias, adornos, perfumes, batom, rosas principalmente as vermelhas por ser a cor da paixão. A Pombagira recebe como presente aquilo que está ligado ao mundo feminino, ou seja, o presente ideal para agradar a ela é algo que se daria a uma mulher, acreditando-se fosse agradar àquela mulher.

Das catorze pessoas entrevistadas seis delas colocaram as flores como o melhor presente para a Pombagira, enquanto cinco disseram ser o ouro o presente que mais agrada a Pombagira. Perfume ficou como terceiro na lista, depois champanhe e cigarros tecidos, leques, lenços, pedras e tamancos. Aliada a palavra ouro, não em primeiro lugar, a palavra brilho, que também remete a joia foi referenciada, e ainda brincos, anéis e pulseiras foram mencionados o que também remete ao ouro. O fato de ser ouro ou joias o elemento mais citado nos chamou a atenção, pois embora ele remeta ao feminino, ao mimo do enfeite ele também remete ao poder econômico.

---

[39] *Doté Carlos de Ogum*. Entrevista realizada no dia 06 de setembro de 2006.

Apoderada dos seus instrumentos naturalizados como a tesoura que corta, as agulhas que espetam e costuram, as fitas que enfeitam e amarram o seus objetos de luxo e fetiche, ela se apodera do punhal de aço que fere e vai para as encruzilhadas de dúvidas e possibilidades, que se abrem em caminhos clareados por velas que é fogo que queima. A bebida, os cigarros, as rosas vermelhas da paixão, os tantos objetos femininos, dos colares, das pulseiras, brincos, anéis, roupas, leques, xales, pandeiros, cheiro de perfume, cigarrilhas perfumadas, bebidas suaves, e nas falas a história das mulheres, repletas de desejos, de contradições, que insurge na indignação e na submissão. Assim é a Pombagira uma figura que representa todas as mulheres. Portanto na roda que gira encontramos a mocinha loira, rica, universitária manifestando-se ao lado da senhora negra, pobre e sem educação formal, conforme podemos observar na narrativa fotográfica em anexo.

No espaço ritual a cozinheira, a lavadeira e a professora manifestam suas Pombagiras de forma que as diferenças em alguns momentos parecem desaparecer. Claro que, o poder aquisitivo pode proporcionar roupas, joias que as diferenciem, mas em outros momentos a Pombagira manifestada na lavadeira será a conselheira da advogada, da médica, da professora. Elas são em alguns momentos remetidas à profissão de advogadas, professoras, dançarinas, o que, diga-se de passagem, também está relacionado ao que já foi motivo de exclusão. Parece-nos que juntas, no mesmo espaço, passavam a não ter distinção de cor, de idade, de estética, muito embora, na linguagem religiosa, elas possuam "qualidade", o que significa os tipos de Pombagiras o que as diferencia. Também as mulheres no espaço do ritual, independente da sua condição social ou intelectual, rompem com as diferenças e são apenas Pombagiras.

Pombagiras: Mulheres sem dono

A Pombagira é uma mulher sem dono, ela não é de ninguém, ou ainda, conforme Rita da Oxum, *"ela é livre e libertina"*. Stefania Capone[40] alerta para o cuidado ao se afirmar que Pombagira é mulher de sete maridos, pensando com isso que ela seria então a prostituta. Para Stefania Capone, isso pode estar representando que ela não é de ninguém. Ainda nos pautando nas observações de Capone devemos tomar cuidado com as conclusões, uma vez que no espaço ritual, mantém-se a ideia do sagrado havendo imensa sensualidade gestual, no entanto nenhum contato físico é permitido.

---

[40] CAPONE, Stefania. *A Busca da África no Candomblé*. Rio de Janeiro: Pallas, 2004.

É importante anotar a importância que os homens parecem dar às Pombagiras. Elas exercem sobre eles um fascínio mesmo quando incorporadas em corpos fora dos padrões de beleza vigentes e ditados pela moda. Isso pode estar relacionado à forma com que os rituais são moldados, apresentando a aparência de festas o que nos remete aos bordéis, causando curiosidade e sedução.

Nas nossas observações percebemos o grande número de homens presentes ao ritual e que estavam ali apenas para olhar e ser cortejado pelas Pombagiras. Um momento lúdico de inversão dos papéis protegido pela conotação sagrada, impedindo assim que se ultrapassassem limites impostos. Mesmo quando as Pombagiras dirigem-se aos homens de forma sensual jogando o corpo por sobre eles. Eles se limitam ao toque suave da mão numa forma de protegê-las. Esse toque é cuidadoso, defensivo, ficando tudo na casa das palavras, conforme podemos observar na foto abaixo, registrando esse cumprimento da Pombagira aos homens presentes aos rituais.

Porém na vida cotidiana essa sensualidade aprendida pelas mulheres por meio das suas Pombagiras poderá ser colocada em prática. O Doté Carlos de Togbô diz que:

> A Pombagira ajuda as pessoas a compreenderem certas situações do que foi do passado.. Seja de sentimentos amargurados por um amor, por uma traição e ajuda também compreender o dia a dia já que ela é um espírito evoluído ou em evolução e assim ela ajuda a compreender muito melhor aquela situação que a pessoa se encontra.

Assim, a Pombagira se faz presente no cotidiano das pessoas interferindo. Essa interferência pode ocorrer tanto para as adeptas e pessoas que incorporam com a Pombagira como para aquelas que se utilizam dos serviços da Pombagira na condição de clientes. A condição de cliente é muito utilizada. Mesmo temendo a figura da Pombagira por sua relação com o mal, esse mal está ligado a problemas da condição da mulher os quais ela tem dificuldade para entender e resolver. Assim, o abandono do marido, problemas de amor mal resolvidos, problemas com filhos de alcoolismo ou outros vícios, falta de emprego, problemas com a justiça são da alçada da Pombagira e por isso elas são bastante procuradas.

Doté Francisco e Cléa da Oxum. Festa na casa da Doné Fátima de Oyá (agosto/2006).

Nas casas observadas, principalmente nas dirigidas por mulheres as Pombagiras foram referenciadas como importantes no atendimento aos clientes e na manutenção das casas. Para Fátima de Oyá e Rita da Oxum as Pombagiras são responsáveis por trazer clientes e por ajudar a elas na parte financeira nas suas vidas religiosas. Na casa de Clotilde de Yansã, muito embora a responsável pela casa seja a cabocla Jurema, sendo a entidade que atende às pessoas, e determina as atividades da casa, a sua Pombagira Dona Rosa Caveira é muito respeitada, observando-se que nos dias em que ocorrem os rituais dedicados às Pombagiras um grande número de pessoas comparece à casa.

A Pombagira na sua condição de libertina ou de quem é livre para ir e vir e ainda de quem tem a liberdade de falar o que pensa e o que quer, coloca-se numa condição de mulher sem nome e sem juízo. Ela não é comandada, ela se comanda. Ela é uma figura controvertida, não é domesticável, o que faz com que a temam, por representar a insubmissão de mulher incontrolável.

Pombagira: o demônio mulher

Uma das representações fundamentais da Pombagira é a sua associação ao mal. O mal atribuído a ela é marcante e causador das imagens diabólicas criadas sobre a mesma. Sua figura é associada ao mal e ao pecado, aos demônios e às trevas, contrapondo tudo isso com a sedução, alegria e liberdade. Por isso, partimos do pressuposto de que o mal representado no imaginário das pessoas acerca da Pombagira está ligado aos costumes e à sexualidade. Nesse sentido questionamos nossos entrevistados e entrevistadas e a resposta teve uma mesma tônica, observando os mesmos que o mal está nas pessoas que fazem os pedidos que Pombagira não faz nenhum mal. O Doté Carlos de Togbô reflete:

> Pombagira faz de mal? Nada. Pombagira nunca faz nada de mal, porque ela nunca vem com o intuito de fazer algo para alguém. Ela só faz algo para alguém quando esse alguém pede e necessita.

Não há como não observarmos que a Pombagira é comumente associada ao demônio. Primeiramente é referenciada como a mulher de exu que é associado ao diabo cristão, sendo a mesma referenciada como exu-mulher, mulher de lúcifer, mulher desalmada etc. A isso acrescida a mística religiosa, tudo é remetido ao número sete. Assim ela passa a ser mulher de sete exus, mulher de sete demônios.

A Pombagira por ser o feminino de exu, possui então poderes e características idênticas às dele, sendo associada a elementos representativos do diabólico como os chifres e o tridente, o fogo, o vermelho e negro, o sexo, a bebida, o cigarro e outros elementos ligados ao pecado, proibidos e mundanos.

Ao observarmos as referências, feitas notadamente pelas igrejas neopentecostais, encontramos a figura da Pombagira associada ao mal devendo ser extirpada, principalmente do corpo das mulheres, relacionando-a aos distúrbios sexuais, bebidas, drogas e infelicidade na vida amorosa. Buscamos por meio de pergunta específica do questionário dirigido aos entrevistados apreender o que é esse mal que ela representa, perguntando sobre a sua associação ao demônio e o que ela faz de mal para as pessoas. A pergunta foi no sentido de saber a relação da Pombagira com exu e consequentemente com o diabo perguntado: O que ela faz de mal? O que representa esse mal?

Ainda quanto à relação da figura da Pombagira a exu existem diversos trabalhos de pesquisa realizados[41]. Ela é o feminino da energia atribuída ao mesmo. Tornou-se a figura da mulher do diabo vez que o exu da religiosidade afro-brasileira é relacionado ao diabo cristão. Os adeptos negam essa relação dizendo que exu não é o diabo e sim um orixá da religiosidade africana e que essa associação ocorreu em razão do sincretismo. No entanto ao observarmos o ritual dedicado

---

[41] PRANDI. Reginaldo. *Segredos Guardados*. São Paulo, Companhia das Letras, 2005./PRANDI, Reginaldo. *Pombagira e as Faces Inconfessas do Brasil*. In: *Herdeiras do Axé*. São Paulo, Hucitec. 1996./CAPONE, Stefania. *A Busca da África no Candomblé*. Rio de Janeiro, Pallas, 2004.

a essas entidades, a referência ao diabólico, é feita em diversos momentos, por meio dos pontos além de algumas falas das próprias entidades que se referem ao inferno, ao diabo e ao mal, falando do seu poder contra os inimigos. Por exemplo: *diabo velho vou serrar seu chifre/ vou pegar seu sangue/ e vou dar para exu. Da sua língua vou fazer chicote/ pra bater bem forte/ em quem fala mal de mim.*

Para quem convive de maneira mais próxima com a religiosidade é possível perceber que na maior parte das vezes essas expressões transparecem ironia, divertimento ou jocosidade, porém com respeito. Para quem não conhece a estrutura da religião, a palavra terá o significado apenas da palavra e o que ela lhe significa. Diabo significa então, a partir de uma olhar cristão, aquela figura de chifres, usando tridente, com voz esgarçada, vindo das profundezas do inferno para fazer com que as pessoas se desviem dos caminhos de Deus. O entrevistado Ogã Silvestre[42] disse que *"diabo é apenas um apelido que arrumaram para o exu"*.

No entanto, nas falas das entrevistas e na observação do ritual há uma ambiguidade. Ao mesmo tempo em que se nega que exu seja o diabo o que é muito presente na fala dos nossos entrevistados, no espaço ritual onde ocorrem as manifestações públicas essa associação é feita e o seu poder relacionado ao diabo que para os cristãos é a figura do mal. Como exemplo, anotamos o seguinte "ponto": *Plantei jiló colhi quiabo/ Ai como é grande a família do diabo....*

A esse refrão vão sendo colocados nomes de exus e de Pombagiras, assim como de pessoas da comunidade, ao que o coro responde o refrão: *da família do diabo.* Por exemplo:

Maria Padilha também é/*da família do diabo*/A Pombagira Também é/da família do diabo/Exu tranca rua também é/*da família do diabo*/Seu fulano também é/*da família do diabo*/Dona fulana também é/*da família do diabo...*

Assim, ser *da família do diabo* para a comunidade religiosa é algo que não possui a conotação do mal enquanto pecado, mas do poder, ao qual podem estar inseridos homens e mulheres.

Quanto à Pombagira, a entrevistada, Rita da Oxum, frisou essa função da Pombagira de mostrar o oculto, de escancarar o proibido de botar pra fora tudo que está escondido E ao mesmo tempo afirma que como funções da Pombagira estão principalmente os casos de amor. Esses casos de amor quando se trata da Pombagira não são amores platônicos ou "inocentes brincadeiras", mas trata-se de relacionamentos onde a mulher é quem comanda a relação. Ela seduz, ela

---

[42] Ogã Silvestre. Entrevista realizada no dia 15 de agosto de 2006.

domina e tem como questão primordial para o encantamento e para exercer poder, o sexo. Não se faz trabalhos com a Pombagira apenas para trocar olhares. Quando há a solicitação da Pombagira é porque o assunto é "sério", há uma profundidade, não é apenas para flertar. Ela manifesta o que Foucault[43] chama transgressão deliberada, coloca o sexo em discurso e fala para fazer acontecer. Ela é um mecanismo que instiga a vontade de saber sobre o sexo, e por isso, precisa ser reprimida e controlada.

Ao realizarmos as entrevistas e ao perguntarmos sobre a Pombagira, nenhum dos entrevistados ou entrevistadas fizeram referência aos seus poderes como malignos. Ao contrário tiveram o cuidado de chamar a atenção para características muito específicas da Pombagira como a de ser uma mulher poderosa sim, mas no sentido de ajudar as pessoas, observando-se que ela não vem para fazer o mal, porque ela é espírito em evolução e, portanto, expressão dos adeptos "vem a terra para resgatar dívidas de outras vidas". Frisam que o mal que a Pombagira faz está na cabeça das pessoas que pedem a ela coisas ruins. Essa informação precisou ser acessada de forma mais direta perguntado especificamente sobre o mal atribuído à Pombagira.

Para o Doté Carlos de Togbô:

> Pombagira faz de mal... nada. Pombagira nunca faz nada de mal, porque ela nunca vem com o intuito de fazer algo para alguém. Ela só faz algo para alguém quando esse alguém necessita. Dependendo da pessoa, ou da pergunta da pessoa ela vai fazer algo que lhe agrada que é certo tanto para ela quanto pra você. Vai chegar e falar: Pombagira eu quero que mate alguém. Ela no seu eu energético, ela tem peso e talvez não sinta como a gente o peso dessa palavra da pergunta ou do pedido, mas ela tem peso e ela está ali para resgate. Ela vem para fazer resgate daquilo que ela não fez, daquilo que ela fez de errado que tenha se excedido por um amargor e assim é que ela hoje vem pra se resgatar de uma melhor forma.

Ao perguntarmos sobre a associação da Pombagira com o diabo, ele observou que:

> Isso acontece por causa do sincretismo. Associaram todos os santos e o exu por ser forte e estar ligado às paixões humanas foi associado ao diabo. Por que ao diabo? O diabo é ruim? Não sei se o diabo é ruim, porque o diabo foi um anjo do céu e decaiu de anos, séculos, milênios. Hoje bota na balança que ele atenta, destrói, faz e acontece....e por causa da dualidade que a Pombagira tem de atraso ou de evolução associaram ao diabo como a exu. O tridente... só porque tem tridente também associaram, mas Netuno também tem tridente.

Sobre a função da Pombagira junto às mulheres, para ele elas têm como

---

43 FOUCAULT, Michel. *História da Sexualidade. A vontade de saber.* Vol. 1, Rio de Janeiro: Graal, 1988.

principal função dar amor e evolução. Essa evolução que a princípio é colocada com o sentido espiritual não deixa também de ter sentido material. As Pombagiras na fala do Doté Carlos de Togbô foram mulheres que quando em vida tiveram problemas relacionados ao amor porque foram traídas, porque foram maltratadas, hoje elas vêm ensinar às mulheres "vivas" a se defenderem dos homens. Há, portanto, uma troca do mundo espiritual com o mundo material, que vai refletir no cotidiano dessas mulheres. Com relação a essa evolução que o Doté Carlos de Togbô diz ser função da Pombagira, lembramos também as observações de Rita da Oxum. Para ela as Pombagiras abrem as cabeças das mulheres, mostram a elas as verdades e a capacidade de serem felizes.

A entrevistada Fátima de Oyá também observou que as características de má e de prostituta da Pombagira estão associadas ao seu poder feminino. Ela diz que:

> Ela é maravilhosa e por isso como eu lhe disse, agora juntando, tem gente que diz que Pombagira só faz o mal, é prostituta, isso aquilo, representa a prostituição. Nada disso. Ela é maravilhosa, feiticeira, ela passa aquela energia, assim, faz a mulherada se sentir mais mulher, mais sexy. É isso. Eu gosto que meus olhos chega brilha, né.

A Yalorixá Maria Otilia de Omolú[44], durante a entrevista também falou sobre o assunto, observando que:

> A Pombagira é uma mulher como nós, que gosta de tudo que é bom, e, acontece de muitas pessoas acharem que a Pombagira é uma prostituta, uma mulher que só trabalha para o mal, mas ela ajuda muita gente, depende da formação espiritual de cada médium.

Para O Babalorixá Roberto Athayde essa questão relativa aos exus é mais complexa. Primeiro ele divide, separa o que ele chama de qualidades de exu observando que:

> ...porque o exu tem o exu bara que é o exu verdadeiro e tem os catiços que são os exus de baixa, os eguns da rua, são os catiços que vivem em terra e tem os baras que são os exus do orixá.

Quanto às Pombagiras explica, observando que assim como existe o exu do orixá que é chamado de bara, tem também o seu feminino que é Bombogira e que também existem os catiços de Pombagiras, que ele diz serem os espíritos de mulheres que viveram nessa vida e que enquanto espíritos retornam e incorporam nos médiuns. Para ele isso é uma forma de resgate de dívidas no tempo

---

44 Yalorixá Maria Otília de Omolú. Entrevista realizada no dia 03 de setembro de 2006.

em que viveram nesse mundo. Como exemplo ele observa que muitas mulheres quando estiveram no mundo foram maltratadas pelos maridos, assassinadas, estupradas, violentadas de alguma forma por homens, assim como as mulheres de vida fácil, que se prostituíram que caíram na zona, que gostavam de beber, fumar e que ficavam nas ruas, essas também voltam como Pombagiras. Ao perguntarmos para ele sobre o mal atribuído à Pombagira, perguntamos diretamente se ela era má, e ele respondeu que:

> Não. Por ela ser espírito com essa doutrina, com essa sina que ela tem de ser uma Pombagira, com essa energia que elas tem, muito piores são as pessoas que pedem pra elas as coisas. Que a procuram pra fazer o mal a alguém. O que ela faz é mostrar o poder que ela tem, a revolta que ela teve na vida, ela vai mostrar isso no poder sobre os homens, pra amansar o cabra, tirar a mulher da vida dele, deixar ele impotente. O que ela sofreu quando estavam na terra, as suas decepções, porque muitas delas foram assassinadas pelos amantes. A Paulina mesmo foi assassinada na beira do cais. Elas têm essa quizila e é por isso.

Reformulando a pergunta, sobre ser a Pombagira um ser demoníaco Roberto Athayde complementou, observando que seu aprendizado, que ele considera dos tempos de antigamente com as velhas e tradicionais yalorixás do nordeste, mas precisamente na Paraíba de onde veio e que naquele tempo o aprendizado era lento, e transmitido oralmente. Para ele:

> A Pombagira não é o diabo é o povo que faz ela. A Pombagira, ela é no canto dela, ela vira o bicho por causa dos outros. A troca entre a Pombagira não é má o povo é que faz ela má e o médium é que faz as coisas. A pombagira tem uma energia que se o médium não for preparado tiver vícios, gostar de beber, a energia dela negativa derruba a pessoa, essa energia toma conta da pessoa e a pessoa não sabe sair dela. Essa forma que falei, foi a doutrina que eu aprendi.

Para o Ogã Silvestre a questão de ser a Pombagira associada ao demônio e ao mal, está ligada ao fato de que:

> Quando a gente fala que exu foi sincretizado com o demônio bíblico se associo exu ao demônio e as Pombagiras também como sendo a mulher do diabo. Mas na verdade ela não faz nada de mau. Isso na minha opinião e de outras pessoas que já estive conversando. Más são as pessoas que a procuram porque se você não procurar, não ofertar ela não vai fazer mal a ninguém, porque elas não têm noção. Então se você pedir coisas boas elas vão fazer, mas se você pedir para elas matar uma pessoa, prejudicar, elas fazer depende do que você oferecer pra ela.

Para a Yalorixá Maria Otilia a questão é complexa porque as pessoas que lidam com exu e Pombagira não possuem consciência e conhecimento o que acaba resultando em problemas. Maria Otilia observa que exu e Pombagira são energias e que as pessoas acionam essas energias e não dão a elas o cuidado necessário. Também afirma como todos os entrevistados que:

> Esse negócio das pessoas dizerem que Maria Padilha é má, que Dona Molambo é má, que seu sete encruzilhadas é mau, mas o problema é que eles tem o positivo e o negativo e se você pede o negativo eles tem que saber por o positivo. O ser humano é que faz exu e Pombagira serem maus.

Assim, nossos entrevistados de uma forma geral deram a mesma explicação sobre esse mal associado a Exu e à Pombagira, sinalizando que o mal atribuído às entidades é o mal que está nas pessoas. Elas vão aos espíritos pedir que façam coisas erradas acreditando assim, que não estão fazendo. Quanto ao tipo de mal que essas entidades praticam nos parece que toda a sua função está ligada ao dinheiro, ao sexo, aos prazeres do mundo, seja vaidade, ganância, e por serem também entidades propiciadoras de proteção, de defesa, se colocam no enfrentamento dos inimigos. Esses inimigos são todas as pessoas que possam impedir o acesso ao trabalho, ao dinheiro, ao amor ou a qualquer posto ou cargo que dê prestígio e poder. É preciso matar todos os inimigos mesmo que simbolicamente.

Também se pode perceber nas entrevistas que é característica da Pombagira a malícia. A sua insubordinação e malícia é direcionada ao homem a quem ela busca conquistar e dominar via sexualidade. Além disso, ela é associada ao diabo por possuir poderes sobrenaturais. Ela é sobrenatural, é o espírito de uma mulher que já viveu neste mundo, teve vida infeliz por causa do poder masculino. As histórias das Pombagiras estão relacionadas à história de opressão das mulheres.

O entrevistado Francisco de Odé[45] contou que a sua Pombagira uma cigana afegã, vem hoje Pombagira porque quando viveu neste mundo teve que se prostituir para fugir do controle da família e dos costumes do seu povo de mutilação do clitóris. Outras narrativas idênticas a esta foram percebidas nas histórias pessoais das Pombagiras sendo comum elas se apresentarem como mulheres que se rebelaram contra suas famílias, suas culturas se agregam as outras culturas, como a observação feita por Marcio da Oxum de que sua Cigana não nasceu cigana, mas juntou-se ao povo cigano e foi viver com eles. Assim, ao retornar incorporando no terreiro, traz consigo características do povo cigano, nas vestes e na fala.

Maria Otilia de Omolú a define como *"uma mulher"*, e Rita da Oxum diz que ela vem para abrir caminhos, para mostrar coisas ocultas e para trazer às mulheres conhecimento abertura de cabeça, e ainda tem como função principal

---

[45] Babalorixá Francisco de Ode. Entrevista realizada no dia 02 de agosto de 2006.

para as pessoas que interagem com ela ser uma auxiliar dos problemas amorosos e financeiros. Está assim, portanto, ligada às paixões humanas, aos sentimentos e necessidades terrenas, que fazem parte da vida das pessoas. Por isso para o *"povo de santo*[46]*"* ela é considerada importante por ser a propiciadora e mantenedora dos desejos diários.

Observamos inicialmente que a Pombagira por estar ligada às questões da sexualidade estaria então estigmatizada como um ser do mal. Talvez também por isso ela esteja relacionada à prostituição, como forma de controle da sexualidade das mulheres e mesmo porque qualquer mulher que não estivesse dentro dos padrões sociais estipulados, que exercesse de forma mais livre a sua sexualidade, era considerada uma mulher da vida, uma mulher sem juízo e sem dono.

Parece-nos que a exemplo de alguns trabalhos mais recentes sobre a figura de exu, que vem passando por uma recuperação de sua imagem, o que Reginaldo Prandi[47] chama de dessincretização, que consiste em desassociar a imagem de exu do demônio, conferindo a ele a sua função de orixá mensageiro que detém o poder da transformação e do movimento, que vive nas estradas freqüenta encruzilhadas e guarda as portas das casas, controvertido e não domesticável, porém sem santo nem demônio.

Nesse mesmo sentido, percebemos que os entrevistados e entrevistadas aos quais tivemos acesso para a realização da pesquisa, possuem esse entendimento sobre a Pombagira, colocando-a como a mensageira, a protetora, aquela que pode proporcionar a transformação na vida das pessoas tanto espiritualmente quanto materialmente. São mulheres representadas por suas saias rodadas e no girar das saias apresentam o movimento e que pode ir para as ruas, freqüentar espaços antes masculinos, serem guardadoras e provedoras, controvertidas e indomesticáveis, mas nem santas nem diabas.

Pombagira: bela ou sexy?

Quando perguntávamos nas entrevistas o que representava a Pombagira, para o chamado "povo de santo", que são os adeptos da religiosidade afro-brasileira, as respostas sempre nos remetiam à proteção, alegria, beleza e poder. A palavra poder tinha um significado muito amplo ligado à sensualidade, sexuali-

---

[46] Povo de santo é expressão utilizada para referir-se a pessoas participantes da religiosidade afro-brasileira.

[47] PRANDI, Reginaldo. "Exu o mensageiro do Diabo. Sincretismo católico e Demonização do orixá Exu". In: *Dossiê Revista Cincoenta*, n. 50, jun, ago/01. p. 46/63

dade e beleza. Essas representações da beleza sempre nos incomodaram por nos parecer não haver beleza em mulheres às vezes velhas, às vezes obesas, às vezes e quase sempre maltratadas pelas condições sociais. O que seria essa beleza, esse ser maravilhosa como elas se colocavam e como seus médiuns as colocavam e de como uma e outra eram distintas e semelhantes? Pareceu-nos que a beleza estava representada na Pombagira, pelo poder que ela exercia enquanto manifestada nas mulheres pelo transe e no que era apreendido para se por em prática no cotidiano.

Porém, no espaço ritual ela procura se apresentar com os elementos significantes da beleza externa, representada pelas roupas e adornos. Isso pode significar que ela no espaço ritual busca agradar ao homem, ser admirada e desejada por ele, já que a sua apresentação pública em ritual, lembra festas, salões ou bordéis. A beleza da Pombagira então, nesse sentido, conforme Naomi Wolf[48], é instituída para o poder do homem. Por outro lado ela parece trazer em suas representações a questão da beleza pelo viés da sexualidade, nos remetendo ao que Naomi Wolf diz ser um duplo caminho: *"ou serei bela ou serei sexy"*. A Pombagira se coloca como sexy e por isso é bela, nos permitindo pensar que ela não é sexy porque é bela, mas ela é bela porque é sexy. Parece nos sinalizar a possibilidade de não ser preciso optar por um dos caminhos, ou ser bela ou ser sexy. Contudo devemos estar atentos e tomar cuidado porque ela é sempre uma armadilha e não devemos esquecer que é sempre marcada pela ambiguidade.

Ainda, é importante observar que a beleza da Pombagira que se apresenta em alguns momentos da forma exigida pelos padrões da moda, ou seja, mulheres cuja beleza está centrada nos longos cabelos negros ou loiros, altas. As roupas primando pelo luxo, brilho e sensualidade, nos remetendo em alguns momentos ao que Naomi Wolf[49] diz ser um fenômeno da modernidade que evita a realidade das mulheres:

> A alucinação moderna que prende as mulheres, ou na qual elas mesmas se prendem, é da mesma forma cruel, rígida e adornada de eufemismos. A cultura contemporânea dirige a atenção para as metáforas da Donzela de Ferro enquanto censura o rosto e o corpo das mulheres de verdade[50]

---

[48] WOLF, Naomi. *O mito da beleza. como as imagens de beleza são usadas contra as mulheres* Rio de Janeiro: Racco. 1992. p.17.

= WOLF, Naomi. *O mito da beleza: como as imagens de beleza são usadas contra as mulheres.* Rio de Janeiro: Racco, 1992, p.22

[50] WOLF, Naomi. *O mito da beleza: como as imagens de beleza são usadas contra as mulheres.* Rio de Janeiro: Racco, 1992, p.22.

A Pombagira poderia exercer esse papel, de evitar a realidade. Por outro lado, ser bela é algo muito importante na Pombagira porque é algo que lhe pertence simbolicamente e que é apropriado pela mulher que interage com ela, pois a beleza, conforme Michelle Perrot[51] é um capital simbólico a ser barganhado no casamento ou no galanteio. Ao apropriar-se simbolicamente da beleza e poder da Pombagira no espaço ritual, a mulher transporta para o seu cotidiano esse poder, do qual passa a ser portadora e o reverte utilizando-o por meio do que elas chamam de "energia" [52].

Essa energia é uma forma simbólica de poder da Pombagira sobre as pessoas que interagem com ela, um poder exercido como forma de controle porque ele estipula regras a serem seguidas, formando o que Pierre Bourdieu[53] chamou de construção da realidade e estabelecimento da ordem. Isso que é chamado de energia adquirida via manifestação da Pombagira podem ser traduzido como ensinamentos dados por elas que se materializam no cotidiano e pode ajudar as mulheres a lidarem com as diferenças dos sexos e com os problemas relacionados ao trabalho, filhos, enfim tudo que envolve a vida afetiva e material.

Ainda quanto à questão da beleza, se a Pombagira é bela e maravilhosa quem a possui, ou interage com ela também será, apesar de não o ser e ser, porque a partir dessa interação elas passam a se sentirem belas, maravilhosas e poderosas porque mesmo que não se tenha o poder de realizar algo, as Pombagiras fazem, ajudando a romper com os padrões instituídos de beleza, mas sempre mantendo, pois que reforça esses padrões realçando o tempo todo, a importância da beleza, a necessidade de ser bela sendo o seu próprio ritual uma apresentação do belo, do exótico e do luxo.

Apesar de em grande parte dos casos negarem que se parecesse com suas Pombagiras, o que esteticamente realmente era, percebemos que a Pombagira era aquilo que a mulher queria ser ou imaginava dever ser enquanto beleza era contraditório, mas apossar-se dos poderes da Pombagira para fazer acontecer coisas era possível. Pareceu-nos haver certo incômodo em se assumirem parecidas com suas Pombagiras, pois seria o mesmo que reconhecer-se sensual, sexualizada, dominadora de homens o que poderia não ser aceito, porque elas não foram

---

[51] PERROT, Michelle. "Os silêncios do corpo da mulher". In: Matos, Maria Izilda S. de e Soihet, Rachel (org) *O corpo feminino em debate*. São Paulo: Unesp, 2003. p. 14.

[52] A palavra energia, nesse caso é utilizada para falar dos ensinamentos recebidos traduzido como algo sagrado. Como se os ensinamento pudessem ser passados por meio de uma energia, uma vez que eles são do outro mundo, portanto legitimados pelo mundo sagrado.

[53] BOURDIEU, Pierre. *O poder simbólico*. Bertrand: Rio de Janeiro, 2005, p. 9.

educadas para serem Pombagiras e sim para serem mulheres "formatadas" para uma sociedade que exige mulheres recatadas, submissas e dóceis com corpos disciplinados, sujeitados a normas[54].

Todavia, a Pombagira no espaço ritual e no que ela provoca no cotidiano das mulheres parece nos induzir a uma transformação da ideia de Pierre Bourdieu[55] de mulher como passivo e de homem como ativo. Ela assume brechas passa a exercer uma atitude ativa, sendo sujeito, interferindo na construção do masculino e do feminino no sentido em que dirige e expressa o desejo, contudo um desejo marcado pelas construções masculinas de beleza e adornos sempre marcadas pela ambiguidade e dualidade. Ao mesmo tempo em que parece apresentar uma revolução dos costumes, é pautada pela manutenção da tradição. Há um intercambio entre aquela que chamamos de formatada e a dos desejos nos apresentando o espaço ritual propiciador de elaborações, trocas, diálogo entre as duas, o que também chamamos de *outridade*[56] da mulher. A mulher pode não ter condições ou hábito de se enfeitar, usar maquiagens ou roupas chamativas, mas ao estar na interioridade da sua Pombagira ela assume o que Mary Del Priori[57] chamou de a cultura feminina das aparências.

As imagens representativas da Pombagira colocadas nas comunidades de Orkut são sempre representadas por belas mulheres que lembram deusas ou personagens capazes de representar as mulheres por ser o ideal de mulher, conforme apresentamos nas *Imagens da Pombagira*. Às vezes aparece diabólica, raras vezes negra, mas sempre bela.

Monique Augras[58], traça um paralelo entre Yemanjá e a figura da Pombagira, trazendo a relação que pode haver entre a moralização de Yemanjá que guarda semelhança com Nossa Senhora e na criação da figura da Pombagira pela Umbanda que coloca nela toda a carga da sexualidade e feitiçaria, separando o bem e o mal. A Pombagira, assim é portadora de uma carga de sexualidade por onde o mal se apresenta, resguardando-se a figura de Yemanjá com a pureza de Maria. No entanto, todas as Pombagiras são Marias: Maria Molambo, Maria Padilha, Maria Quitéria e tantos outros nomes de mulheres, como Rosa e Carmem, da cultura cigana ou espanhola, ou referências a ciganinha do Egito, ou do

---

[54] FOUCAULT, Michel. *Vigiar e Punir*. Petrópolis: Vozes, 2001.

[55] BOURDIEU, Pierre. *A Dominação Masculina*. Rio de Janeiro: Bertrand Brasil, 2005.

[56] PAZ, Octavio. *La Otra Voz*. Barcelona, Seix Barral, 1990.

[57] DEL PRIORI, Mary. *Corpo a corpo com a mulher*. São Paulo: Editora Senac, 2000.

[58] AUGRAS, Monique. "De Yiá Mi a Pomba Gira: Transformações e símbolos da libido". In: Moura, Carlos Eugenio Marcondes de (org). *Meu sinal está no teu corpo*. São Paulo: Edicon/Edusp, 1989. p. 14/33.

Oriente, trazendo assim as tantas mulheres das tantas culturas amoldadas dentro da manifestação da Pombagira. Isso nos levou a tratá-la como uma figura híbrida, questão que estaremos abordando diversas vezes durante o trabalho.

Pombagira: a outridade da mulher

A *outridade,* conceito emprestado do poeta mexicano Octavio Paz[59] fala de uma outra voz da qual nos apossamos para falarmos daquilo que está escondido dentro de nós. Para Paz, essa outra voz é utilizada para expressar realidades antigas e que parecem impermeáveis às mudanças históricas. O conceito é importante para definirmos a Pombagira que como uma outra voz fala daquilo que incomoda. Ela traz um discurso revolucionário que aflora no espaço religioso manifestando-se fortemente por meio dos rituais que refletem subversão e transformação ao mesmo tempo em que reforçam os papéis construídos socialmente.

Na fala das entrevistadas, a *outridade*[60] da Pombagira se faz presente. Ela é um ser espiritual que interfere de forma material na vida das pessoas que interagem com ela. Ela incorpora no sentido espiritual que ocorre com a manifestação do espírito por meio do transe, mas também permite que se faça uso dela como um símbolo de poder, incorporando-se o seu discurso no cotidiano das pessoas que interagem com ela. Essa manifestação traz o que para Rita da Oxum a mulher não conhece e que depois ela observa ser sabedoria e força. Isso parece nos dizer da necessidade de conscientização da mulher para que ela possa superar a condição de outro a qual geralmente é relegada.

Tanto Fátima de Oyá, quanto Maria Otilia de Omolú ou Rita da Oxum nos conduzem ao entendimento de que Pombagira está dentro e fora e pode ser incorporada e que incorpora e assim, fora do espaço ritual da manifestação da Pombagira ela se faz presente na vida cotidiana das mulheres como uma personalidade oculta. Essa personalidade oculta é movida pela Pombagira, mas de forma interativa onde a mulher busca nela a força, a coragem e coloca isso na sua vida diária, causando transformações na sua forma de viver.

Nossas informantes nos deram essa sinalização, a do papel da Pombagira como instrumento de contestação, mas principalmente a Pombagira é mulher e representa o poder. Poder enquanto feiticeira, guardiã, protetora, e principal-

---

[59] PAZ, Octavio. *La Otra Voz.* Barcelona: Seix Barral, 1990.

[60] PAZ, Octavio. *La Otra Voz.* Barcelona: Seix Barral, 1990.

mente mantenedora. Conforme a entrevistada Fátima a sua Pombagira é quem sustenta a sua casa, o seu terreiro, e é quem faz a sua segurança pessoal e a sua segurança financeira. Assim a Pombagira não é apenas uma entidade que incorpora nos terreiros para atender clientes, ou para causar estranheza. Ela incorpora no cotidiano das pessoas que interagem com a mesma, fazendo parte das suas vidas, unindo o que parece ser a mulher cortada ao meio.

Em todos os casos a Pombagira é o centro para essas mulheres e que de uma forma muito especial, pelos caminhos do sobrenatural, do espiritual atuam no mundo material em um campo de conflito que é a tensão entre os sexos. Suas diversas formas de se manifestar nos permite dizer que existe uma variedade de Pombagiras, o que é perceptível pela forma com que se apresenta no espaço ritual. Trazem as diferenças nas roupas, nos nomes e como nossas entrevistadas nos disseram de que cada Pombagira tem suas particularidades.

Essa variedade das Pombagiras quanto à forma com que se apresentam ou as suas especificidades nos remetem às observações de Sandra Harding[61] de que não existem mulheres genéricas. A Pombagira também não é genérica e precisa ser compreendida através da desconstrução dos nossos paradigmas que Tânia Sampaio[62] prescreve como necessidade para uma interlocução. Mesmo porque embora ela apresente características universalizantes da mulher atrelada ao homem, sua imagem aparente é o avesso da mulher que poderíamos chamar de "formatada" para ser a mulher ideal, ou a "verdadeira mulher" da qual fala Simone de Beauvoir[63]. Ela é transgressora, porque dentro do processo de luta e busca de ocupação de espaços pelas mulheres os caminhos foram os mais diversos, porque para ocupar esses espaços foi necessário o uso de armas muito variadas como a sedução, a dissimulação, e o enfrentamento.

Reforçando o que nos diz Bourdieu[64], de que o mundo social é incorporado pelo mundo religioso nos remetemos novamente às observações de Stefania Capone[65] de que por intermédio dos discursos da Pombagira os poderes religioso, social, e sexual são constantemente questionados e que:

A figura da Pombagira se torna, com frequência, o pivô de dramas conjugais,

---

[61] HARDING, Sandra. "A Instabilidade das categorias analíticas na teoria feminista". *Revista de Estudos Feministas*, n.1/93, p. 7/30.

[62] SAMPAIO, Tânia Mara Vieira. "Gênero e religião - no espaço da produção do conhecimento". In: *Musskopf*, ANDRÉ S. e Stroher, MARGA J. (org) *Corporeidade Etnia e Masculinidade*. São Leopoldo: Sinodal, 2005. 47/70.

[63] BEAUVOIR, Simone. *O Segundo Sexo*. Rio de Janeiro, Nova Fronteira, s/d.

[64] BOURDIEU, Pierre. *A economia das trocas simbólicas*. São Paulo: Perspectiva, 2004.

[65] CAPONE, Stefania. *A Busca da África no Candomblé*. Rio de Janeiro: Pallas, 2004.

quando as relações entre os sexos são diretamente questionadas. Graças à fala do espírito, as mulheres-médiuns contestam a supremacia dos homens e chegam a impor suas próprias condições e renegociar sua posição subalterna. [66]

A Pombagira manifesta-se trazendo características performáticas nos seus discursos. Conforme Michel Foucault[67] o sexo no século XIX é tratado com pose como forma de desafiar o estabelecido, subversivamente, mas que está associado a nossa vontade de saber, a nossa necessidade de conhecimento. A Pombagira se apresenta subversiva, transgressora, e apresenta a sexualidade como fator importante do seu poder e ainda inverte os papéis estabelecidos sendo ela a seduzir. Os papéis instituídos sofrem algumas alterações por um viés sutil que passam pela sexualidade, onde elementos de poderes de sedução masculina se misturam com os femininos, como cigarro, bebida, perfume, flores. O ponto principal de atuação da manifestação passa, conforme Pierre Bourdieu[68] por onde está incorporada de forma inconsciente a nossa percepção.

O encontro com o elemento da cultura afro, feminino de exu, também com atribuições de cuidar dos assuntos materiais, como trabalho, sucesso profissional e da sexualidade. Isso facilitou a assimilação e junção, haja vista que essas atribuições de mulher de negócios e protetora familiar, eram comuns às mulheres africanas e, cujas práticas de feitiçaria estavam ligadas à proteção dos filhos[69]. Desta forma, a ligação ou a origem da Pombagira parece ficar explicada pela sua origem africana e pelo seu cruzamento com a religiosidade europeia resultando numa figura sincrética. No entanto, pela sua grande diversidade seja na forma com que se apresenta, com vestimentas de vários povos e culturas, trazendo histórias pessoais das suas vidas quando viveram na terra, parece ultrapassar o sincretismo para nos apresentar uma variedade dentro do fenômeno.

Se nossa intenção era a de perceber se na manifestação da Pombagira estavam presentes os discursos e as tensões de gênero, isso ficou claro. Também tínhamos hipóteses quanto as suas funções e características e as nossas três entrevistadas pontuam a diversidade, mas que possuem o mesmo fio condutor, o da feminilidade e da Pombagira como instrumento da mulher na luta pelo e contra o homem. O ponto comum em todas elas é a definição quanto à característica de

---

[66] CAPONE, Stefania. *A Busca da África no Candomblé*. Rio de Janeiro: Pallas, 2004, p.32.
[67] FOUCAULT, Michel. *História da Sexualidade,* V. 1. A vontade de Saber. Rio de Janeiro: Graal, 1988.
[68] BOURDIEU, Pierre. *A Dominação Masculina*. Rio de Janeiro: Bertrand Brasil, 2005.
[69] BERNARDO, Terezinha. "O Candomblé e o Poder Feminino". Revista de Estudos da Religião, *REVER* n. **2**, PUCSP. 2005. http://www.pucsp.br/rever. Acessado em 22.11.2006.

escrava do santo apresentada pelas três entrevistadas. Outro ponto interessante que aflora na fala de Otilia é a definição de que *a Pombagira é uma mulher como nós,* e na fala de Rita *a Pombagira e a coisa oculta que está dentro de toda mulher* e para Fátima *ela representa assim o lado bem feminino.*

A fala de Rita diz que a Pombagira não é espírito incorporativo, mas todo o tempo foi marcado pelo sobrenatural quando ela indicou a presença da Pombagira na entrevista, nos informando que a mesma se fazia presente. Disse também que a Pombagira é matéria pura, mas é coisa oculta e também representa a fertilidade e que sua manifestação serve para mostrar coisas escondidas, mostrar a verdade, e essa verdade está ligada à condição subalterna da mulher quando diz que suas clientes são as mulheres maltratadas e machucadas pelos maridos. Ela é ainda o que Fátima, Rita e Maria Otilia descrevem: Um ser feminino, que trabalha para as mulheres. Nesse sentido lembramos uma das falas da Pombagira durante os rituais. Elas dizem: *"Eu gosto de home, mas trabalho é pras muié".* Isso indica que a Pombagira é uma mulher que luta a favor da causa das mulheres, muito embora esteja na sua palavra aquilo que faz parte do pensamento cristalizado, gostar de homem, lutar para ter um, mas ela ensina as mulheres a se manterem, uma vez que ela é mulher e é mantenedora dessas mulheres.

Ela é associada ao mal, porém esse mal não é explicado, estando associado aos poderes sobrenaturais de enfeitiçar e dominar os homens e nisso está embutido os desejos proibidos das mulheres ligados à sexualidade reprimida e a desobediência ao poder masculino. O sexo que na vida cotidiana é tratado como futilidade, como pecado, como algo proibido, na figura da Pombagira é liberado assumido também como direito feminino e por isso elas lutam pelo homem, mas também contra a forma instituída de ser propriedade do homem. São referenciadas como a mulher de sete maridos que conforme Stefania Capone[70] pode significar não ser de ninguém.

Stefania Capone fala ainda da possibilidade de transformações através das práticas mágicas representadas por exu[71]. Isso não se pode ignorar. No que se refere à manifestação da Pombagira enquanto entidade espiritual e personagem ela traz em si discursos de mudanças ao questionar os papéis instituídos, ao colocar a mulher em condição de igualdade com o homem. Também exerce o papel principal que é o de mantenedora das mulheres que aprendem a se relacionar com ela, conforme observamos com as nossas entrevistas. Tanto para Fátima, como

---

[70] CAPONE, Stefania. *A Busca da África no Candomblé.* Rio de Janeiro: Pallas, 2004.
[71] CAPONE, Stefania. *A Busca da África no Candomblé.* Rio de Janeiro: Pallas, 2004.

Rita e Maria Otilia as Pombagiras são as entidades espirituais que cuidam da parte financeira das suas casas religiosas.

Pelas entrevistas realizadas percebemos também o sentido de que a Pombagira age como uma protetora das mulheres, uma espécie de anjo da guarda, cuidador que é bom e ruim, que pode ajudar, mas que também pode castigar, tornando-se um anjo mal, ou seja, as atitudes erradas e seus resultados ruins. Para que a Pombagira ajude é preciso que ela seja agradada, que ela seja cultivada todos os dias, e que haja uma cumplicidade entre a mulher e a Pombagira, uma consciência do seu papel e poder.

Ela precisa ser utilizada no sentido dado por Michel De Certeau[72] da Pombagira como uma *arte de fazer*, ela pode ser transformadora do cotidiano das mulheres, uma arte de viver. Ela interfere no dia a dia de fadiga e cansaço tão separado da vida da rua onde moram os desejos e para onde ela transporta as mulheres que interagem com ela.

Nesse sentido ela se apresenta como uma outra voz. É outra porque vem do outro lado, é espírito, mas é outra por ser a voz das mulheres separadas das mulheres. Rita da Oxum falou que a Pombagira traz verdades ocultas, coisas que a mulher não conhece e por isso é causadora de curiosidade e medo, de vontade saber.

A Pombagira tratada com preconceito, associada ao pecado, ao que não é recomendável às mulheres de bem é interpretada como um desvio e explicada a partir do sobrenatural. Por isso temos dificuldade em situá-la e defini-la. Buscando apreender um pouco da sua figura, trataremos a seguir da sua construção.

---

[72] DE CERTEAU, Michel. *A Invenção do Cotidiano*. V. 1. Petrópolis: Vozes, 2005, p.41.

O "Fuxico[73]" da Pombagira

Este capítulo será dedicado a uma revisão dos estudos sobre a Pombagira, na busca de mostrar como ela tem sido apresentada e entendida. Não podemos ao certo afirmar o momento em que ela surge. Parece-nos que a sua manifestação é um processo de transformação e de encontros culturais que a constroem. Contudo, da forma como a encontramos hoje, com as funções e significados que possui, é um processo recente. Além dos estudos produzidos sobre o tema, trouxemos para essa discussão os escritos de religiosos e as entrevistas realizadas.

Buscamos compreender a construção da Pombagira pelos pesquisadores do tema e pelos religiosos, especificamente aqueles ligados à religiosidade afro-brasileira, e que se dedicaram ao estudo da Pombagira. Também realizamos entrevistas com adeptos que nos trouxeram o seu entendimento sobre o fenômeno da Pombagira. A intenção foi a de situar o nosso objeto e apresentar como ele é representado por cada um, até porque sabemos da diversidade dentro dos próprios grupos.

---

[73] A expressão "fuxico" na religiosidade afro é utilizada para referir-se a tudo que cerca um assunto. É também utilizada para falar de segredos sobre feitiços, de características do "enredo de santo" da pessoa. Ex. duas pessoas são do mesmo orixá, mas uma tem uma particularidade por causa do seu orixá de segundo que é chamado juntó. Assim ela possui um enredo diferente: "um fuxico diferente". Fuxico também é toda e qualquer conversa e é o aprendizado oral ligado a segredos e particularidades das pessoas e da religião.

A construção da Pombagira
pelos Cientistas Sociais

As condições mais favoráveis para a análise sociológica só foram consolidadas no final dos anos 80 do século XX. Diria Stefano Martelli[74] que a análise sociológica da religião era simplista e redutiva e somente mais tarde passa a ter um caráter mais consciente e complexo, o que ele diz ser próprio tanto da religião quanto dos processos sociais. O autor observa ainda que a religião, antes vista como uma reserva de símbolos e que na sociedade pós-moderna é analisada com maior interesse, sendo questionada a partir dos fenômenos religiosos.

Com relação à Pombagira, também foi nesse período que começou a aparecer estudos de maneira mais consistente quando passou a ter uma visibilidade nos escritos acadêmicos como nos trabalhos de Monique Augras[75] Marlyse Meyer[76], Patrícia Birman[77] e Reginaldo Prandi[78].

Monique Augras, uma das pioneiras nos estudos sobre a Pombagira, aborda a questão da ausência da Pombagira nos escritos sobre a religiosidade afro. Ela observa ainda que os escritos dedicados ao tema, até os anos cinqüenta, não fazem referência à figura da Pombagira. No entanto frisa que ao chegar ao Brasil, no ano de 1961, encontrou o seu culto muito bem estabelecido na cidade do Rio de Janeiro[79].

O trabalho de Monique Augras, *De Yiá Mi Pomba Gira: Transformações e Símbolos da Libido,* apresenta a Pombagira relacionada aos símbolos femininos ligados aos mitos africanos[80], e nos possibilita a compreensão do personagem, da sua simbologia, e a forma em que é inserida e transformada no imaginário. Monique Augras traz uma perspectiva interessante ao dizer que a umbanda promove um esvaziamento na sexualidade de Yemanjá e que nesse espaço surge então a figura da Pombagira "que pode apresentar a livre expressão da sexualidade feminina"[81].

[74] MARTELLI, Stefano. *A religião na sociedade pós-moderna.* São Paulo, Paulinas, 1995. p. 9.

[75] AUGRAS, Monique. "De Yiá Mi a Pomba Gira: Transformações e símbolos da libido". In: Moura, Carlos Eugenio Marcondes de. (org) *Meu sinal está no teu corpo.* São Paulo: Edicon/Edusp, 1989.

[76] MEYER, Marlyse. Maria Padilha e toda sua quadrilha. São Paulo: Duas Cidades, 1993.

[77] BIRMAN, Patrícia. *Fazer estilo criando gênero.* Rio de Janeiro: Relume Dumará, 1995.

[78] PRANDI, Reginaldo. Pombagira: as faces inconfessas do Brasil. In: *Herdeiras do Axé.* São Paulo: Hucitec. 1996. p.139/145.
AUGRAS, Monique. "De Yiá Mi a Pomba Gira: Transformações e símbolos da libido". In: Moura, Carlos Eugenio Marcondes de (org) *Meu sinal está no teu corpo.* São Paulo: Edicon/Edusp, 1989, p.25.

[80] AUGRAS, Monique. "De Yiá Mi a Pomba Gira: Transformações e Símbolos da Libido". In: Moura, Carlos Eugênio Marcondes de (org) *Meu sinal está no teu corpo.* São Paulo, Edicon/Edusp, 1989.

[81] AUGRAS, Monique. "De Yiá Mi a Pomba Gira: transformações e símbolos da libido". In: Moura, Carlos

A sua manifestação possibilita às mulheres um diálogo com a sua sexualidade permitindo o uso da sensualidade, da liberdade do corpo e da mente, produzindo por meio de discursos chamados de ambíguos, brechas para que as mulheres realizem transformações em suas vidas.

Fazer Estilo Criando Gênero, escrito por Patrícia Birman[82], é outro importante trabalho sobre o tema e nos apresenta uma perspectiva muito interessante ao tratar da questão de gênero na religiosidade afro-brasileira e abordar as tensões entre a homossexualidade e o feminino. Birman aprofunda-se em um ponto crucial das religiosidades denominadas afro-brasileiras, a questão da homossexualidade, a qual também já mereceu a atenção de outras pesquisadoras[83]. A autora, a partir da observação de rituais dedicados à entidade Pombagira, elabora um estudo discutindo a questão da possessão e abordando a presença marcante de homossexuais em terreiros do Rio de Janeiro, bem como sua importância dentro do Candomblé e, principalmente, as formas das suas manifestações nos rituais. A autora apresentou a Pombagira como uma figura exótica e controvertida, causadora de tensões entre mulheres e homossexuais, e discute essas relações e tensões de gênero dentro do Candomblé e da Umbanda, pontuando suas complexidades.

O trabalho de Patrícia Birman é inovador, uma vez que rompe com o paradigma dual dos estudos de gênero. Embora nossa abordagem não esteja relacionada à homossexualidade, mas sim às relações de homens e mulheres, apontando na figura da Pombagira a sua subversão e a sua conduta reforçadora dos papéis instituídos, a pesquisa de Birman[84] é um importante referencial para o estudo da religiosidade afro-brasileira e referência nos estudos sobre a Pombagira. Birman[85] se detém sobre as questões que envolvem a complexidade da sexualidade e dos papéis sexuais, ressaltando as tensões nas relações de gênero, entre mulheres e homossexuais, o que também foi apontado por Ruth Landes[86].

A questão apontada por Patrícia Birman[87] sobre as tensões entre mulheres e homossexuais nos terreiros de Candomblé e Umbanda na cidade do Rio de Janeiro, conforme já frisamos, não seja objeto específico deste trabalho, foi

---

Eugênio Marcondes de (org) *Meu sinal está no teu corpo*. São Paulo: Edicon/Edusp, 1989.

[82] BIRMAN, Patrícia. *Fazer Estilo criando Gênero*. Rio de Janeiro: Relume Dumará, 1995.

[83] SEGATO, Rita Laura. *Santos e Daimones*. Brasília: Editora da UNB, 1995; LANDES, Ruth. *A Cidade das Mulheres*. Rio de Janeiro, Eduerj, 2002.

[84] BIRMAN, Patrícia. *Fazer estilo criando gênero*. Rio de Janeiro: Relume Dumará, 1995.

[85] BIRMAN, Patrícia. *Fazer estilo criando gênero*. Rio de Janeiro: Relume Dumará, 1995.

[86] LANDES, Ruth. *A cidade das mulheres*. Rio de Janeiro: EdUFRJ, 2002.

[87] BIRMAN, Patrícia. *Fazer estilo criando gênero*. Rio de Janeiro: Relume Dumará, 1995.

abordada com nossos entrevistados e entrevistadas. Como a presença de homossexuais nos terreiros é muito intensa, o assunto acaba sendo delicado e tratado com cautela.

Nas entrevistas que realizamos, abordamos esse aspecto[88], no entanto as respostas negaram qualquer tensão, alegando que quem está ali é a entidade espiritual e, portanto, no corpo de quem não importa, pois se o corpo é masculino, mas a entidade, no caso a Pombagira é feminina, quem está ali é ela. Para Maria Otilia de Omolú:

> Eu nunca vi problemas entre as mulheres e os homossexuais incorporando porque o terreiro onde mais fiquei que foi do Pai Darci, e depois que ele morreu fui para a casa da Doné Fátima, e como em qualquer outro terreiro tem homossexuais e quando eles estão incorporados eles são mulheres e pronto. Penso que o que interfere é a educação e os procedimentos do Pai e da Mãe de Santo dentro do barracão.

Das treze entrevistas realizadas, apenas duas pessoas teceram comentários sobre o assunto, apontando a tensão. Roberto de Bessém observou que, "às vezes", a manifestação da Pombagira é utilizada por homossexuais como forma de extravasar seus sentimentos. Nesse mesmo sentido, Rosinha de Yemanjá[89] diz que quando a incorporação é verdadeira não há nenhum problema, mas também assinalou que, às vezes, a Pombagira é utilizada como estratégia por homossexuais, deixando transparecer essa tensão:

> Eu acho, não é coisa dos orixás é deles mesmo. Os homossexuais, alguns têm comportamento meio anormal, eles querem se aparecer por causa da vontade tão grande de parecer mulher eles forçam pra parecer mulher e querem ser mais que as mulheres.

Nas conversas que tivemos com as sacerdotisas e adeptas, todas tiveram o cuidado de não tecer críticas, algumas inclusive, elogiaram as Pombagiras incorporadas em homossexuais. Contudo, não passa despercebido que em casas dirigidas por homossexuais assumidos há uma maior concentração de homossexuais incorporando e pouca presença feminina, nos parecendo que as mulheres se afastam desses lugares por haver conflito. As casas dirigidas por sacerdotisas também possuem uma maior concentração de mulheres. Assim como, nas casas de sacerdotes que se reconhecem como homens há toda uma organização pa-

---

[88] Perguntamos às nossas entrevistadas e entrevistados como eles/elas viam a incorporação de homossexuais com a Pombagira.

[89] Rosinha de Yemanjá. Entrevista realizada no dia 16 de março de 2006.

triarcal com homens e mulheres representando os papéis sociais e nesses casos a presença de homossexuais é mais discreta.

Em o Duplo e a Metamorfose, Augras,[90] na linha da psicologia da religião, analisa a identidade mítica nagô e a psicologia da personalidade pelo ângulo da diversidade cultural do Brasil. Via dualidade do sagrado/profano, a autora analisa os cultos de possessão como uma possibilidade de chegar-se à personalidade do indivíduo. Para isso ela trabalha as religiões de origem africana no contexto brasileiro. A autora entende o Candomblé como uma reinterpretação, uma reelaboração original.

Na esteira do trabalho de Augras encontramos algumas pesquisas recentes na área da psicologia e que abordam as relações entre as mulheres e suas Pombagiras. *Entre Iracema e a Pombagira Maria Padilha – a trajetória criativa da psyque*, Sonia Regina Corrêa Lages[91], analisa a possessão de mulheres com suas Pombagiras e de como essa relação é transformadora do cotidiano e auxiliadora nos problemas psico-sociais. Essa função da Pombagira que se apresenta nos estudos da sociologia e da psicologia, aparece na fala dos nossos entrevistados e entrevistadas. Rita da Oxum, diz: *"a Pombagira ajuda às mulheres a se conhecerem, a se descobrirem"*, explicando que *"a Pombagira abre a mente das pessoas e faz com que as mulheres se encontrem e se percebam"*, o que para o Babalorixá Carlos Anderson traduz-se como sendo função da Pombagira, *"ajudar as mulheres nos casos de amor e da sua evolução material e espiritual"*.

Reginaldo Prandi dedicou vários textos ao tema e ao que o circunda. Em *Pombagira: as faces inconfessas do Brasil*[92], um dos seus primeiros trabalhos a esse respeito traz importantes anotações sobre a construção e as características da Pombagira como sendo um personagem da religiosidade afro-brasileira que tem como origem a cultura europeia e africana. Ela é apresentada como entidade de moral duvidosa e está ligada às questões de afeto, amor e sexualidade. Observa Prandi, que embora a Pombagira esteja associada ao mal ninguém que incorpora ou interage com ela se imagina fazendo algo de ruim. Ela, enquanto espírito de alguém que viveu na terra, dotado de experiência, é vista como quem pode dar conselhos e ajudar a compreender as fantasias, angústias, desesperos e os desejos mais ocultos e proibidos. O autor anota também as características de liberação

---

[90] AUGRAS, Monique. *O Duplo e a Metamorfose*. Petrópolis, Vozes, 1983.

[91] LAGES, Sônia Regina Corrêa. "Entre Iracema e a Pombagira Maria Padilha – a trajetória criativa da psyque". www. metodista.br. In: *Netmal In Revista*/01. acessado em 24.03.2007.

[92] PRANDI, Reginaldo. "Pombagira: as faces inconfessas do Brasil". In: *Herdeiras do Axé*. São Paulo, Hucitec, 1996. p. 139/145.

da personalidade que estão implícitas na religiosidade afro-brasileira, porque elas não acobertam as paixões humanas, pois e que a Pombagira ou os exus, em geral são procurados por pessoas de classes sócias desfavorecida. Para Reginaldo Prandi, eles valorizam a intimidade de cada um, porque para Dona Pombagira, não existe nenhum desejo ilegítimo nem inalcançável, tudo é permitido e possível para preencher a vida frustrante do cotidiano das pessoas. Essas questões nos parecem muito presentes na fala dos entrevistados e entrevistadas. A Dofona Mirtes de Oyabale fala das transformações que a Pombagira faz na sua vida cotidiana auxiliando-a emocionalmente:

> Pra mim ela me deixa, quando ela vem em mim, no outro dia estou mais dócil, passo a semana mais dócil, porque eu sou assim, se mexer comigo eu solto fogo e ela não me deixa agressiva, ela me deixa dócil. Ela me faz bem.

Reginaldo Prandi[93] traz ainda abordagens sobre as características e funções da Pombagira na religiosidade afro-brasileira e explica que seu culto está localizado no entrecruzamento das tradições africanas e europeias, ainda inserido na Umbanda, e que sua formação se deu partir dos anos 30 do século XX. Sua função é a de atender às fantasias humanas representando um papel importante na valorização da intimidade das pessoas. Para ele, sobretudo entre as populações pobres urbanas, é comum apelar-se à Pombagira para solução de problemas relacionados a fracassos e desejos da vida amorosa e da sexualidade. Prandi observa ainda a falta de estudos sobre a Pombagira que está associada ao "mal" dentro da estrutura criada pela Umbanda, religião que apresenta características históricas da sociedade brasileira[94]. As ponderações de Reginaldo Prandi foram observadas durante a realização do trabalho, uma vez que partimos do pressuposto de que a Pombagira exerce influência no cotidiano das pessoas que interagem com a sua manifestação sendo propiciadora de transformações. Também anotamos a interação que há tanto do social no religioso quanto do coletivo no individual ou o inverso.

Em *Segredos Guardados*, trabalho mais recente, realizado por Prandi[95], encontramos capítulo especial dedicado aos exus e Pombagiras. O autor destaca a importante contribuição para os estudos do entendimento do papel dos exus na religiosidade afro-brasileira, além de trazer uma retrospectiva da bibliografia

---

[93] PRANDI, Reginaldo. "Pombagira: as faces inconfessas do Brasil". In: *Herdeiras do Axé*. São Paulo: Hucitec, 1996. P. 139/145.

[94] PRANDI, Reginaldo. "Pombagira: as faces inconfessas do Brasil". In: *Herdeiras do Axé*. São Paulo: Hucitec, 1996. P. 139/145.

[95] PRANDI, Reginaldo. *Segredos Guardados*. São Paulo: Companhia das Letras, 2005. p. 67/137.

referente ao tema, aponta os trabalhos de Edison Carneiro[96], Bastide[97], Joana Elbeien[98], Lisias Negrão [99]e Monique Augras[100].

Reginaldo Prandi[101] faz uma retrospectiva dos estudos sobre a figura de exu, na Umbanda e no Candomblé, apresentando as suas faces e a sua construção no imaginário popular, observa também a questão da associação da figura de exu ao diabo, de que forma isso foi sendo construído no imaginário cristão no processo sincrético e como isso tem sido revisto. O autor trata da Pombagira e suas atribuições, características e representações, remetendo sua figura controversa às feiticeiras, referindo-se ao trabalho de Monique Augras[102] sobre a ligação das Yamís com a figura da Yemanjá e das grandes mães e feiticeiras. Faz-se importante o trabalho de Prandi para os estudos sobre os significados de exu e Pombagira, além de apresentar importantes observações sobre os significados e formas dessas entidades, as quais vão nos ajudar a apresentar o que podemos chamar a construção da Pombagira e a sua relação com o mal que trataremos em capítulo especifico.

Stefania Capone[103], em *A Busca da África no Candomblé*, nos traz importantes observações sobre o papel da Pombagira dentro da religiosidade afro-brasileira. Stefania Capone também apresenta as relações entre as religiosidades afro e afro-brasileira e de que forma se deram as rupturas e continuidades entre as duas, observando que embora a Pombagira tenha sido definida como entidade brasileira, ela é escrava de orixá. Portanto, é uma divindade africana. Quanto a isso, as observações feitas pelos entrevistados e entrevistadas, ao nos responderem o que sabiam sobre a entidade, apontam para essa africanidade primeira para depois agregar as suas outras faces. É interessante essa pontuação, uma vez que todos os nossos entrevistados e entrevistadas remeteram a figura da Pombagira à religiosidade afro, mas depois, falam da sua beleza de padrões europeus ou das mulheres ciganas. Ogã Silvestre frisa que:

Na verdade se procurarmos bem dentro das Pombagiras vamos encontrar o

---

[96] CARNEIRO, Edison. *Candomblés da Bahia*. 2 ed. (1 ed.: 1948). Rio de Janeiro: Editorial Andes, 1954.

[97] BASTIDE, Roger. *As Religiões Africanas no Brasil*. São Paulo: Pioneira, 1971.

[98] SANTOS, Joana Elbeien. *Os nagô e a morte*. Petrópolis: Vozes, 1986.

[99] NEGRÃO, Lisias. *Entre a cruz e a encruzilhada: formação do campo umbandista em São Paulo*. São Paulo: Edusp, 1996.

[100] AUGRAS, Monique. "De Yiá Mi a Pomba Gira: Transformações e Símbolos da Libido". In: Moura, Carlos Eugênio Marcondes de (org). *Meu sinal está no teu corpo*. São Paulo, Edicon/Edusp, 1989. p. 14/33

[101] PRANDI, Reginaldo. *Segredos Guardados*. São Paulo: Companhia das Letras, 2005. P 67/137.

[102] AUGRAS, Monique. "De Yiá Mi a Pomba Gira: Transformações e símbolos da libido". In: Moura, Carlos Eugenio Marcondes de (org). *Meu sinal está no teu corpo*. São Paulo: Edicon/Edusp, 1989. p.14/33.

[103] CAPONE, Stefania. *A Busca da África no Candomblé*. Rio de Janeiro: Pallas, 2005.

povo cigano, os egípcios e outros. Na casa que freqüento e das minhas andanças não sei da origem de todas, mas umas dizem que são ciganas outras árabes, outras egípcias...

Nesse sentido as observações de Rita da Oxum nos dão conta das Pombagiras como vindas do Oriente, muito embora ela tenha observado a função africana da Pombagira dentro do candomblé. Ela afirma:

> Eu acredito que muitas venham na linha do oriente. Cortesãs. Mulheres da vida não. Cortesãs, com muita sabedoria porque elas dominam os homens.

Essas definições dadas pelos entrevistados e entrevistadas devem ser relacionadas à observação feita, durante a entrevista por Marcio da Oxum, de que muitas vezes as definições dadas estão vinculadas às características da Pombagira da própria pessoa.

Também remeteram a figura da Pombagira às mulheres de "antigamente", damas da sociedade, mulheres de engenhos, mulheres que se revoltaram com a sua condição, se prostituíram, se libertaram, mas foram transformadas em Pombagira. Essa também é uma questão ambígua, pois o rompimento da condição da mulher subordinada ao homem vai transformá-la, no contexto da religião, em excluída socialmente.

O Doté Carlos de Togbô diz que a Pombagira representa: *"certas mulheres de engenho, certas mulheres de poder, certas senhoras, magoadas, amarguradas ou ofendidas pelo amor masculino traído".*

Para Roberto Athayde as Pombagiras: *"são espíritos de prostitutas, de mulheres que deixaram seus lares, seus maridos, que caíram na zona, na vida. Mulheres de vida perdida que gostam de beber e fumar".* Apesar disso ele observa que: *"tem delas, que apesar de ter esses problemas tem índole boa, elas trabalham na linha delas, mas tem índole boa".*

As falas dos Babalorixás Carlos Anderson e Roberto Athayde trazem uma questão complexa. As mulheres que aqui na vida foram sofridas, humilhadas, traídas, na outra vida são castigadas com a condição de serem Pombagiras. Portanto mulheres excluídas são mais uma vez excluídas e castigadas. Isso parece verbalizar a crença de que as mulheres são culpadas pelas atitudes dos homens contra elas, porque são portadoras do pecado.

Não podemos deixar de anotar a importância da contribuição do trabalho da antropóloga Ruth Landes[104] para os estudos de gênero nos espaços da religiosidade afro-brasileira. Em *A Cidade das Mulheres,* Landes aponta questões

---

[104] LANDES, Ruth. *A cidade das mulheres.* Rio de Janeiro: EdUFRJ, 2002.

sobre as relações e tensões de gênero que mais tarde serão retomadas por Patrícia Birman[105], Terezinha Bernardo[106] entre outras, e que vão trazer interessantes perspectivas de estudo sobre o tema. O trabalho da antropóloga norte americana Ruth Landes que em 1939 esteve na Bahia pesquisando a raça negra e ficou surpresa com a força e soberania das mulheres do Candomblé é importante, uma vez que apresenta a importância da presença feminina dentro da religiosidade afro-brasileira como forma de exercer poder. Ruth Landes nos permite observar como a mulher dentro da religião, exercendo cargos ou mesmo na condição de adepta consegue superar a sua condição subalterna melhorando a sua auto-estima na condição de líder religiosa. A mulher quando assume a condição de líder ela exerce poder o qual é partilhado com as outras mulheres, usado em prol delas. A presença da mulher exercendo cargo de liderança dentro da religião faz com que isso reflita no seu cotidiano das mesmas, e mostra a importância da presença da mulher como sacerdotisa.

Quanto às diferentes formas de abordar o objeto, Consideramos que Monique Augras[107] e Reginaldo Prandi[108] seguem a mesma linha, ou seja, nos conduzem ao entendimento de que as Pombagiras estariam relacionadas às Iyamís, senhoras feiticeiras que também nos remete ao estudo de Pierre Verger[109]. Portanto, deste modo fica estabelecida a relação das Pombagiras com a sua origem africana.

A construção da Pombagira
nos escritos religiosos

Os escritos de religiosos dedicados à Pombagira também só começam a aparecer de forma muito tímida, a partir dos anos sessenta. A maior parte dedica-se a descrever as características da Pombagira, seus "pontos" e as receitas de "feitiços" realizados por elas. Antonio Alves Teixeira Neto, em *A Magia e os en-*

---

[105] BIRMAN, Patrícia. *Fazer estilo criando gênero*. Rio de Janeiro: Relume Dumará, 1997.

[106] BERNARDO, Terezinha. "O Candomblé e o Poder Feminino". In: *REVER*. N. 2. PUCSP, 2005. http://www.pucsp.br/rever.

[107] AUGRAS, Monique. "De Yá Mi a Pomba Gira: transformações e símbolos da libido". In: Moura, Carlos Eugenio Marcondes de. (org). *Meu sinal está no teu corpo*. São Paulo: Edicon/Edusp, 1989, p. 15/33.

[108] PRANDI, Reginaldo. Pombagira: as faces inconfessas do Brasil. In: Herdeiras do Axé. São Paulo: Hucitec, 1996.p. 139/145.

[109] VERGER, Pierre. "Grandeza e decadência do culto de Iyamís Òsòongà (Minha Mãe Feiticeira) entre os Yorubás". In: Moura, Carlos Eugênio Marcondes de (org). *As Senhoras do Pássaro da Noite*. São Paulo: Edusp, 1994, p. 13/71.

cantos da Pomba Gira[110], refere-se a seu trabalho anterior na década de 1960, *Pomba Gira (as duas faces da Umbanda),* observando que o mesmo tinha apenas o título dessa obra referindo-se à Pombagira, mas, na verdade, quase nada era tratado sobre ela.

Assim, dedica-se em *A magia e os encantos da Pombagira* a decifrar os mistérios da mesma, definindo-a como Exu-Mulher ou a *"Encarnação do mal em figura de mulher".* Teixeira Neto observa no prefácio que tudo que escreveu foi baseado no seu ponto de vista e nos seus conhecimentos, apesar de pontuar que seus conhecimentos são baseados em trabalhos de outros estudiosos. Ele cita como referencia às suas afirmações outro estudioso do tema, João Carneiro de Almeida, seu amigo e também líder religioso de centro espírita, o qual não explicita se kardecista ou umbandista, com quem ele teria aprendido que toda mulher que trabalha com a Pombagira acaba se prostituindo.

Teixeira Neto diz ainda que isso não é regra, mas traz diversas observações que ao longo do trabalho retornaremos, uma vez que ele refere-se à Pombagira como o espírito de mulheres que em vida não tiveram boa conduta e que no plano espiritual se tornaram mulheres de sete exus, ou seja, de sete demônios[111]. Afirma ainda que a Pombagira incorpora apenas em mulheres bonitas, ou as transforma em mulheres bonitas[112]. Ao analisar a questão do sexo na Umbanda, o autor parte ao livro do Gênesis passando pela Mitologia Grega e faz uma analogia para dizer que o masculino é a energia positiva e o feminino a energia negativa. Afirma que a Pombagira trabalha sob as ordens de Exu e que uma mulher que em vida tenha se excedido na prática de atos sexuais, ao morrer poderá se apresentar como uma Pombagira. Encerra seu ponto de vista afirmando:

> Como se vê, trata-se de uma entidade perigosa sob muitos aspectos, por isso que, sua atuação, nas criaturas humanas encarnadas, baseia-se "in totum", no sexo[113].

Essas afirmações serão discutidas no decorrer do trabalho em capítulo sobre as definições e funções da Pombagira e sobre as mulheres que interagem com o fenômeno da sua manifestação. Porém, nas entrevistas abordamos a questão de ser a Pombagira subordinada a Exu e percebemos que isso não é afirmado. Apesar de estar a Pombagira relacionada a Exu, ela vem sendo colocada em igualdade

---

[110] TEIXEIRA NETO, Antonio Alves. *A magia e os encantos da Pombagira.* Rio de Janeiro: Editora Eco, s/d.

[111] Ao associar Exu ao demônio, a Pombagira como mulher de Exu, passa também a ser a mulher do demônio. O sete é um número com o qual se trabalha na estrutura da religiosidade afro-brasileira.

[112] TEIXEIRA NETO, Antonio Alves. *A magia e os encantos da Pombagira.* Rio de Janeiro: Editora Eco, s/d.

[113] TEIXEIRA NETO, Antonio Alves. *A magia e os encantos da Pombagira.* Rio de Janeiro: Editora Eco, s/d.

de condições, nos parecendo aqui que as discussões sobre gênero do mundo social são adaptadas ao mundo religioso. Conforme o Ogã Silvestre:

> Não tem Pombagira que suporte ser mandada por homem. Até mesmo lá no Orum, onde elas vivem espiritualmente, elas não gostam de respeitar, aceitar ordens dos exus.

Claro que essa fala parte do ponto de vista de um homem, negro, com formação universitária e jovem, que esta vivenciando as transformações e informações sobre as questões relacionadas a gênero. Essa questão teve distinção nas respostas, sendo perceptível que para as sacerdotisas a Pombagira não é subordinada ao Exu. Porém, para os sacerdotes ela está relacionada ao elemento masculino e trabalhando sob as ordens dele, havendo uma ambiguidade, pois em certos momentos ela possui ao seu dispor e sob suas ordens sete exus e em outros trabalha como auxiliar dele. Para o Doté Carlos de Togbô:

> Ela é independente. Ela só precisa, assim como o homem precisa de uma mulher, ela precisa de um homem. Assim o Exu está no mesmo patamar que a Pombagira. É o casal. O garfo e a colher, a dualidade desse poder masculino e feminino.

No *livro Exu, o mistério revelado,* "psicografado" por Rubens Saraceni e inspirado pelo Mestre Seiman Hamiser Yê,[114] e apresenta como parte da Teologia de Umbanda Sagrada, encontramos complexas definições sobre as figuras de Exu e Pombagira, perpassadas por conceitos cristãos e ligações com a religiosidade afro, para dizer que Exu e Pombagira são os pólos negativos dos seres humanos causadores de inúmeros problemas, ao mesmo tempo em que também fazem o bem [115]. Assim, nos parece que o autor dá suporte à complexidade, à ambiguidade e à dualidade que vão marcar, inclusive, o trabalho de vários pesquisadores[116] diante do fenômeno. Quanto à questão do masculino e feminino o autor diz que: *"Exu polariza com Pombagira e forma um par magnético e energético, indispensáveis um ao outro em vários aspectos[117]".*

A visão, trazida pelos livros religiosos e que tem alcance popular, mostra

---

[114] Esse livro é apresentado como psicografado, ou seja, inspirado e autorizado por um espírito que o teria ditado ao autor. Esse estilo de literatura é muito utilizado no Kardecismo.

[115] Mestre Seimam Hamiser yê (espírito) *O Livro de exu: o mistério revelado.* Psicografado por Rubens Saraceni. São Paulo: Cristális Editora, 1999.

[116] PRANDI, Reginaldo. "Pombagira: as faces inconfessas do Brasil". In: *Herdeiras do Axé.* São Paulo: Hucitec, 1996; MEYER, Marlyse. *Maria Padilha e Toda sua Quadrilha.* São Paulo: Duas Cidades, 1993; BIRMAN, Patrícia. Fazer Estilo Criando Gêneros. Rio de Janeiro, Relume Dumará e Eduerj, 1995.

[117] Mestre Seimam Hamiser yê (espírito) *O Livro de exu: o mistério revelado.* Psicografado por Rubens Saraceni. São Paulo: Cristális Editora, 1999.

a Pombagira como algo ruim, sendo que deve ser evitado e destruído o que também é comum nos discursos de algumas igrejas evangélicas que a associam aos males, principalmente dos corpos femininos[118]. Ao estudar a relação entre o exorcismo praticado pela IURD e a cura psíquica, Fernanda da Silva Pimentel[119] observa que na IURD, no tocante à mulher, a ênfase ainda recai sobre dois aspectos: a importância de manter a obediência ao marido e o vínculo do feminino com o mal. Vejamos:

> Mulheres que vivenciaram plenamente sua sexualidade e que deixam extravasar sua sensualidade por seus atos ou postura o fazem porque têm um espírito demoníaco, chamado pomba-gira.

Sobre a Pombagira encontramos também farto material na Internet, onde é apresentada como ser sobrenatural, portador de alegria, beleza, liberdade, sensualidade, sexualidade e poder[120]. Com o advento do Orkut, e seus mecanismos de divulgação e interação é possível acessar diversas "comunidades" dedicadas às Pombagiras, nas quais seus simpatizantes ou devotos se juntam para trocar experiências, vivências e conhecimentos. No espaço virtual torna-se visível a variedade e a popularidade das Pombagiras. Maria Padilha, Maria Molambo e a Pombagira Cigana são as mais populares. Contam suas comunidades com mais de dois mil membros. Todas as comunidades possuem numerosos membros de idade e posição sócio-cultural diversificados. No caso da Maria Padilha são diversas comunidades, uma vez que ela se apresenta com diversos adjetivos ao nome, podendo ser Maria Padilha do cemitério, da calunga, do fogo, das almas etc. O mesmo ocorre com a Maria Molambo, que pode ser da calunga, da praia, das sete encruzilhadas, das almas, e com a Cigana que pode ser das rosas, da praia, da estrada, do amor, da alegria. Assim, encontramos inúmeras comunidades relacionadas, e observamos que os membros muitas vezes participam das diversas comunidades, sendo grande parte eles pertencente à religiosidade afro-brasileira[121].

---

[118] Essa colocação é feita em razão da nossa observação em cultos públicos da Igreja Universal do Reino de Deus o discurso dos pastores em livrar o corpo das mulheres do espírito maligno da Pombagira associada ao demônio e ao males nos corpos das mulheres. Nesse sentido existem trabalhos publicados abordando a preocupação da IURD no sentido de culparem a Pombagira pelos males das mulheres com relação aos seus problemas ligados a sexualidade.

[119] PIMENTEL, Fernanda da Silva. "Psiquê nos Domínios do Demônio – um olhar sobre a relação entre exorcismo e cura em um grupo de mulheres fiéis da Igreja Universal do Reino de Deus". In: *REVER*, N.2, PUCSP, ano 5, 2005. http://www.pucsp.br/rever/rv2_2005/Acessado em 21.03.2007.

[120] http://geocities.com/olisasa20001/Pombagira.htm, acessado em 25.08.2006. http://geocities.com/olisasa20001/index.htm, acessado em 25.08.2006.

[121] www.orkut.com/Community.aspx?am= 21035617. www.orkut.com/Community.aspx?am= 22047739. www.orkut.com/Community.aspx?am= 5998455.

De maneira geral, na Internet a divulgação sobre a Pombagira é muito ampla, podendo-se encontrar artigos acadêmicos e material de divulgação religiosa, inclusive páginas nas quais é possível interagir com a Pombagira fazendo consultas e pedidos[122]. Também observamos que a figura da Pombagira é apresentada como um ser enigmático com inúmeras faces e diversos significados[123]. Observa-se também problemas com relação a alguns grupos que se identificam como de candomblé tradicional, que negam a presença da Pombagira nas práticas religiosas afro. Alegam que a Pombagira é personagem de Kimbanda[124] criação pornográfica carioca que inclusive, macula a imagem do candomblé[125]. Essas posturas estão ligadas a discussões sobre a pureza do candomblé e sobre a barreira colocada entre candomblé e umbanda por grupos que defendem a diferença radical dos dois modelos religiosos.

Ainda com relação aos escritos sobre a Pombagira produzidos por líderes, o Babalorixá Omolubá, em *Maria Molambo na sombra e na luz*, narra a história de uma moça filha de um coronel do Nordeste brasileiro que, sufocada pelas imposições do pai, foge de casa para viver na prostituição e, depois de uma longa trajetória no mundo, ao morrer vai ser Maria Molambo, que se associa a Maria Padilha e, do outro lado da vida, no chamado plano espiritual, passam a acolher os espíritos das mulheres, formando um grupo que tem por missão ajudar as mulheres na terra[126].

O trabalho do Babalorixá Omolubá nos remete ao trabalho de Marlyse Meyer[127], quando ele associa o espírito de uma mulher tipicamente brasileira, nordestina, sofrida pelo patriarcalismo que vai encontrar-se com o espírito de Maria Padilha, a cortesã europeia. Em *Maria Padilha e toda sua quadrilha,* a autora insere o personagem da Pombagira dentro da religiosidade afro-brasileira e recupera as origens do personagem na cultura europeia, estando a sua figura ligada à imagem

---

[122] http://www.exupombagira.com.br/. Acessado em 17.02.2007. http://istoe.terra.com.br/planetadinamica/altar/site/lista_altar_pub2.asp?id_user=72371&id_altar=76860. Acessado em 18.02.2007..

[123] http://geocities.com/olisasa20001/index.htm. Acessado em 25.08.2006; www.umbandavirtual.byhost.com.br/consulta.php?id=389, acessado em 22.10.2006..

[124] A palavra possui varias funções. Designa o oposto da umbanda, como se uma fosse boa e a outra ruim. A Kimbanda, no caso, estaria relacionada às praticas do mal. Também é utilizada para referir-se a curandeiro, feiticeiro ou adivinho. Kimbanda nesse caso foi utilizada para referir-se a práticas do mal, ou magia negra. Etimologicamente a palavra na língua kiumbundo "KI" é o prefixo aumentativo de determinadas palavras. Umbanda (mbanda) é uma das artes de curar desenvolvida pelos povos bantos (bantu) de Angola. Surge daí Kimbanda que é parte do sistema religioso tradicional de Angola exercida por um Ki-mbanda ou seja kimbandeiro, curandeiro. (http://br.geocities.com/olisasa20001/o-culto.htm)

[125] http://www.riodasostras.com.br/fernandokhouri/quemepombagira.htm.acessado em 22.01.2007.

[126] OMOLUBÁ, Babalorixá. *Maria Molambo na Sombra e na Luz*. Rio de Janeiro: Pallas, 1990.

[127] MEYER, Marlyse. *Maria Padilha e Toda sua Quadrilha*. São Paulo: Duas Cidades, 1993.

de uma feiticeira. O estudo realizado por Marlyse Meyer traça o caminho percorrido pela imagem da mulher Pombagira na figura da cortesã espanhola Maria Del Padilla que trazida da Europa é inserida no Brasil onde assume características e discursos específicos. Meyer apresenta a trajetória da Pombagira como originária da Península Ibérica e sua reelaboração no Brasil na junção com a religiosidade de matriz africana, transformando-se na Pombagira Maria Padilha[128]. Isso é muito presente na fala das Pombagiras quando trazem as suas histórias, assim como das pessoas que interagem com a ela. É comum também que elas se apresentem como damas do passado em diversas culturas e momentos históricos, o que nos parece estar relacionado às imagens que as representam e à forma com que se apresentam.

A construção da Pombagira pelos entrevistados e entrevistadas

Para os nossos entrevistados e entrevistadas, a construção da Pombagira, assim como toda a estrutura da religiosidade afro-brasileira, é transmitida oralmente. O Babalorixá Roberto de Yemanjá ao encerrar a sua narrativa diz: *"Essa forma que falei, foi a doutrina que eu aprendi, que a minha mãe de santo me ensinou, como era no tempo das antigas"*.

A transmissão dos conhecimentos via oralidade ainda é muito presente nas práticas religiosas de origem afro. Mesmo com o advento de cursos de teologia umbandista, para os sacerdotes mais tradicionais, os livros trazem a teoria, mas na hora de fazer um trabalho, é necessário axé[129], e isso segundo eles isso não tem receita[130]. Dessa forma, cada grupo tem uma forma de falar de como compreende a Pombagira do que é perpassado pela sua caminhada religiosa, e pela sua percepção pessoal. Vale dizer que a Pombagira é uma construção coletiva, aprendida com o grupo, mas que passa pelo individual. Isso quer dizer que a Pombagira, embora seja uma manifestação apreendida, trabalhada, "doutrinada" como se fala no grupo, e isso é feito coletivamente, traz características individu-

---

[128] MEYER, Marlyse. *Maria Padilha e Toda sua Quadrilha*. São Paulo: Duas Cidades, 1993.

[129] Axé aqui no sentido de força e conhecimento e conhecimento mágico para realizar, fazer acontecer a magia.

[130] Nas casas onde pesquisamos essa posição foi muito defendida. Os sacerdotes tornam público e falam apenas o que acham que devem falar, ou o que lhes foi ensinado que deve ser falado. Tratam da questão com muito cuidado e falam na necessidade do segredo. O bom adepto, ou sacerdote é aquele que aprende com o grupo, mas que tem intuição para exercer o seu mister.

ais dos médiuns justificadas na trajetória religiosa de cada um, nas características justificadas pelo que é chamado "enredo de santo[131]", ou seja, as particularidades de cada pessoa com relação aos orixás. Apesar dessa preocupação da transmissão oral do segredo, que nos parece estar relacionado a uma defesa, também vale lembrar que os saberes que circulam nos grupos são apreendidos, transformados e reelaborados.

Para a Doné Fátima de Oyá:

As pombagiras pra mim foram as grandes damas de um passado muito atrás, mas muito atrás mesmo e hoje elas estão cumprindo uma missão delas resgatando alguma coisa que elas deixaram de fazer.

Para Maria Otilia de Omolú:

A Pombagira pode ser uma dama antiga, mas pode ser pessoa que viveu mais recente, gente que viveu há uns quarenta anos e podem vir para fazer caridade. Isso na minha concepção, e deve estar incorporando por ai na cabeça de João de José como Pombagira ou Exu.

Para o Ogã Silvestre, que freqüenta várias casas em razão da sua função de tocador de atabaques e por cantar:

A pombagira de todos os espíritos é o mais humano possível que se identifica mais com o ser humano porque gosta de festas, gosta de roupas. Eu não identifico como prostituta e vejo isso como difamação.

Para o Doté Carlos de Togbô:

Pombagira pra mim, foi no caso no passado, certas mulheres de engenho, certas mulheres de poder, certas senhoras, magoadas, amarguradas ou ofendidas pelo amor masculino traído. Várias dessas mulheres vêm hoje para ter um resgate.

Ele observa:

A Pombagira é: poder oculto, forte, feminino. Poder que é incompreendido às vezes pelos homens que parece afronta para alguns. A clareza da expressão da fala, a força de não temer o poder masculino. A força de expressar o que ela sente e o que ela é cara a cara com qualquer um o que ela é e também o transparecer da mulher o que ela é dentro dela. A Pombagira não é o diabo, não é a prostituta, não é negativa, não vem para trabalhar para

---

[131] Enredo de santo é uma expressão utilizada para definir as individualidades de cada pessoa. Assim, pessoas cujo orixá de cabeça que é o orixá principal da pessoa a qual ela e ligada pela condição de filho, o qual o protege. Mesmo havendo num grupo religioso dezenas de filhos de Yemanjá, por exemplo, nem todos serão iguais, pois vai depender de quais são os outros orixás pertencentes à pessoa ou às quais a pessoa pertence que vão lhe emprestar distinções.

o mal. A Pombagira não é aquilo que as pessoas não compreendem. Se a gente for analisar o que é a mulher ontem, hoje e amanhã, vai saber o que é a Pombagira. A Pombagira tem sua vaidade, tem sua franqueza, seus trejeitos próprios, ela não se confunde com outra, ela não imita a outra mulher. Ela é o que ela é. Se a Pombagira estivesse na moda ela não seria original. A originalidade de cada Pombagira e a força de cada mulher.

O Babalorixá Roberto Athayde amplia a definição dando à Pombagira a sua africanidade, contudo traz dois tipos de Pombagiras: uma ligada à África, como escrava do orixá, e a outra que ele define como "catiço", a qual seria então a Pombagira que incorpora, que atende, dá consultas, enfim, que se manifesta. A Pombagira que ele chama de Bombogira, feminino de Exu, e que conforme explica pertence ao orixá, trabalha para o equilíbrio do médium e para dar segurança à casa. Assim ele define:

> A Pombagira, para nós, essa que é negativa. Por que é assim: tem exu Bara que é o verdadeiro e tem os catiços que são os exus de baixa, os eguns de rua, são os catiços que vivem em terra e os Bara são os exus do orixá. A Bombogira para nós é a maioral, é como o Bara. As Pombagiras, essas de rua, para mim são espíritos de prostitutas, de mulheres que deixaram seus lares, seus maridos, que caíram na zona, na vida, mulheres de vida perdida que gostam de beber e fumar. Agora, essa ruim, depende muito do médium. Tem pessoas que se aproveitam e aperfeiçoam a Pombagira pra fazer o mal e ganhar dinheiro.

Marcio da Oxum define as Pombagiras como mulheres que, em vida, tiveram problemas, que foram mulheres fora dos padrões sociais estabelecidos. Para ele:

> O que elas têm de peculiar é que foram mulheres sofridas, ou que morreram de forma violenta por consequência de coisas que elas fizeram pela opção de vida que elas escolheram de certa forma elas sempre tiveram a vida ligada aos prazeres, festas, sexo, bebida, e a violência.

Apesar de algumas distinções nas respostas, não passa despercebido que muito embora a maior parte das pessoas possua conhecimento transmitido oralmente, o que vem sendo observado pelos pesquisadores e religiosos e disponível por publicação, fazem parte dos conhecimentos dos adeptos. Assim como, o que é transmitido oralmente pelos grupos está sendo reproduzido pelos pesquisadores.

Pombagira e as questões de gênero

Uma das primeiras relações que fazemos com a Pombagira é a de que ela é um fenômeno diretamente ligado, ou inicialmente ligado à religiosidade Afro-brasileira. Por isso, realizamos uma revisão bibliográfica dos escritos sobre ela.

Mas, também partindo do pressuposto de que os espaços de práticas religiosas afro-brasileiras podem ser considerados como espaços de transgressão, acreditamos que eles possam nos dar informações importantes para outras leituras sobre a resistência das mulheres em espaços religiosos. Essa sinalização nos é dada por Nancy Pereira quando observa que por meio desses espaços de controle da estrutura social, a mulher produziu seus contra modelos. Em espaços de ambiguidade de expressões religiosas, as mulheres encontram espaços de resistência e sobrevivência[132].

Nesse sentido, seguindo o raciocínio de Nancy Pereira, podemos dizer como a forma com que a Pombagira se apresenta é um contra-modelo na medida em que ela é a negação da mulher construída como modelo ideal, ao mesmo tempo em que se amolda reproduzindo os papéis construídos e encontrando brechas que possibilitam transformações.

Esses contra-modelos podem ser encontrados nos espaços da religiosidade afro-brasileira, uma vez que elas já se constituem como religiões de resistência cultural[133]. Nesse sentido, lembramos a importância de estudos cujo eixo é dado pela religiosidade e gênero, em espaços onde a vivência pode nos dar "chaves" de leitura[134] sobre um campo ainda pouco estudado, o qual engloba religiosidade afro-brasileira e mulheres, tendo como foco principal, neste caso, a controversa figura da Pombagira. A religião, nesses contextos, *pode funcionar como catalisadora da conscientização pelas mulheres de sua exclusão social e religiosa[135]*". Assim,

> A religião, na qualidade de construções sócio-históricas e culturais, é para as mulheres um espaço ambivalente. Trata-se de espaços complexos, lugares de contradições, de reprodução, mas que podem, em certas circunstâncias, propiciar alguma transformação das relações sociais[136].

As observações de Maria José Rosado Nunes quanto à participação das

---

[132] PEREIRA, Nancy Cardoso. "Malditas, Gozosas e Devotas. Mulher e Religião". In: *Mandrágora*, n. 03, São Bernardo do Campo: Umesp, 1996. p. 14.

[133] LODY, Raul. *Candomblé: Religião e Resistência Cultural*. São Paulo: Ática, 1987.

[134] SOUZA, Sandra Duarte de. "Entrecruzamento Gênero e Religião: um Desafio para os Estudos Feministas". In: *Mandrágora,* n. 7/8, São Bernardo do Campo: Umesp, 2001/2002. p 6/7.

[135] NUNES, Maria José Rosado. "Gênero e Experiência Religiosa das Mulheres". In: *Musskopf*, André S. e Stroher Marga J. (org).Corporeidade, etnia e masculinidade. São Leopoldo: Sinodal, 2005, p. 23.

[136] NUNES, Maria José Rosado. "Gênero e Experiência Religiosa das Mulheres". In: *Musskopf*, ANDRÉ S. e STROHER Marga J. (org). Corporeidade, etnia e masculinidade. São Leopoldo: Sinodal, 2005. p. 13/28.

mulheres em algumas formas religiosas nos permitem colocar a Pombagira dentro dessa perspectiva, uma vez que por meio da sua manifestação as mulheres articulam posições, nem sempre conscientes de que ajudam a lidar com o cotidiano marcado pelas desigualdades de gênero. Essas articulações, no entanto, passam também pela reprodução dos saberes naturalizados do poder masculino cristalizado.

Tânia Sampaio[137] nos chama a atenção para o problema de trabalhos nos quais se fundem as teorias de gênero para os estudos de outras áreas de conhecimento entre elas as ciências das religiões. Observa que os paradigmas que orientam os saberes acumulados para a produção de novos saberes demandariam enfrentar alguns dos questionamentos acerca das relações sociais de poder que estudam o cotidiano de vida e de produção do conhecimento das pessoas. Para ela, as teorias de gênero estão baseadas na mulher/homem, homem/homem, homem/homem e mulher/mulher sendo esse é o foco de análise e atentando-se para a diversidade nesses grupos. Conclui que as ações humanas não sejam apenas racionais, mas produção de sentido e que é preciso associar o corpo às atividades das pessoas, assim como a sexualidade que está ligada a sua forma física. Nesse sentido, é necessário desafiar a questão e olhá-la de forma dialética e epistemológica atentando para as relações de poder exercidas pelos sujeitos.

Nesse sentido, é perceptível a forma como a Pombagira se coloca como sujeito, exercendo poder por um viés que rompe com os paradigmas de corpo e de sexo. O campo nos mostrou que uma mulher de oitenta anos pode apresentar-se manifestada na Pombagira representando a jovem, sedutora e com seu corpo reproduzindo sedução, alegria, sensualidade. Um homem pode apresentar uma intensa feminilidade e isso parece estar relacionado ao "estranhamento" com que as pessoas se referem à Pombagira, uma vez que rompe com as construções sociais dos papéis sexuais estabelecidos.

A palavra gênero, conforme Joan Scott[138], passa a ser utilizada como forma de referir-se a organização social da relação entre os sexos e nos permite uma infinidade de possibilidades de análises, mas que significa uma categoria imposta sobre um corpo sexuado. Para Scott, as palavras têm uma história, elas são feitas para significar, e a palavra gênero significa a organização social da relação entre os

---

[137] SAMPAIO, Tânia Mara Vieira. "Gênero e religião – no espaço da produção do conhecimento: corporeidade sob o prisma do gênero da etnia e classe". In: *Musskopf*, André S. e Stroher Marga J. (org). *Corporeidade, Etnia e Masculinidade*. São Leopoldo: Sinodal, 2005.

[138] SCOTT, Joan. "Gênero: uma categoria útil de análise histórica". In: *Educação e Realidade*, Porto Alegre, 16(2):5-22, jul/dez 1990, p. 5/7.

sexos. No entanto, alerta para que as abordagens de gênero sejam pensadas levando-se em conta que, ao tratar a questão, a conexão entre a história das mulheres e política é óbvia e complexa. Alerta ainda para a necessidade de uma reflexão crítica, não linear, uma vez que a ascensão das mulheres e a sua utilização foi e continua sendo uma ação organizada politicamente[139]. Com relação à Pombagira, sua manifestação não deixa de ser uma atitude política, uma vez que no espaço ritual, o mundo estruturado construído socialmente é apresentando. Ela faz uso dos seus mecanismos de poder, sexualidade, feitiçaria, para driblar uma realidade adversa.

Para Michelle Perrot[140] as mulheres não são as únicas a serem excluídas e colocadas no silêncio, mas sobre elas isso pesa fortemente em razão da desigualdade dos sexos, dizendo que: elas, quando citadas, são assexuadas, fazem parte de um número, onde o masculino dos números as obscurece, faz com que pareçam invisíveis. A característica feminina do papel ocupado por elas na história foi a de guardar, cuidar, zelar, o que vai formar um imenso material para pesquisa. Assim, a mulher vai ser encontrada ligada à sua condição e lugar na história das famílias e na sociedade, onde guarda a memória do privado aquilo que é considerado lugar e espaço de mulheres. As mulheres, na história, aparecem com a função de cuidar da família, dos homens, das crianças, dos doentes, dos mortos e de preservar a memória da família o que torna a história delas oculta. Por isso, Perrot aponta a necessidade de buscar formas de clarear essa história sexuada construída. Reforçando a ideia em uma outra perspectiva Pierre Bourdieu[141] chamou de construção social dos corpos, o que apresenta de um lado o mundo masculino e do outro o feminino, estruturados e definindo as disputas de poder expressadas pelos corpos, que inscrevem suas identificações a partir do nascimento pelos órgãos externos.

Sobre essa construção dos corpos, Simone de Beauvoir[142] diz que esse corpo é definido quando passa a se ter sobre ele uma consciência adquirida socialmente o que ela diz ser necessário entender é o que a humanidade fez da fêmea humana. Frisa que o mundo sempre foi dos machos, observando que o homem vê o mundo de forma dual, sempre se referindo ao outro, e a mulher faz parte desse outro. Também frisa que da forma com que foi sendo estabelecido o patriarcado baseado nas questões biologizantes, a mulher foi se tornando sub-

[139] SCOTT, Joan. *História das Mulheres*. In: Peter Burke (org). *A Escrita da História*: novas perspectivas. São Paulo: Unesp, 1992.p.63/95.
[140] PERROT, Michelle. *As Mulheres ou os Silêncios da História*, Bauru: Edusc, 2005.
[141] BOURDIEU, Pierre. *A dominação masculina*. Rio de Janeiro: Bertrand Brasil, Bertrand, 2005.
[142] BEAUVOIR, Simone.. *O Segundo Sexo*. Rio de Janeiro: Nova Fronteira, s/d.

missa ao homem. O lugar da mulher na sociedade foi determinado pelo homem, sendo que ela nunca lutou para inverter esse papel, o que ressalta a necessidade de inverter esse papel convencionado como lugar de mulher, lugar de homem. O lugar das mulheres acaba sendo o privado, o espaço doméstico. Ao homem cabe a rua, o espaço denominado público, onde a vida acontece. Para Michel De Certeau[143], esse espaço público, o da rua, é onde moram os desejos, e fica separado do espaço do cotidiano doméstico das mulheres, espaço de cansaço e fadiga que oprime pela sua condição subalterna. Contestando ou reforçando, as construções sobre o papel e espaço designado para o corpo feminino foi como se nos apresentou a Pombagira. No entanto, há que se ter cuidado, uma vez que essas construções sociais se apresentam mescladas com a religiosidade do que as pessoas não são conscientes.

A Pombagira e as representações sociais

A busca dos objetos para interpretações nos foi possibilitada por meio das Representações Sociais amparada nos conceitos de Moscovici[144] que aponta as possibilidades de ampliação dos significados das coisas e dos fatos quando da aplicação das teorias das representações sociais ao incorporar o mundo social ao individual.

No caso do nosso estudo, as representações nos abrem um leque de possibilidades para nos ajudar a entender o fenômeno da Pombagira que são imagens construídas das mulheres. As representações sociais, que conforme Celso Pereira de Sá[145], podem ser encontradas nos diversos lugares sociais, também se fazem presentes na manifestação da Pombagira que é uma manifestação social e, portanto, precisa ser estudada a partir das estruturas e dos comportamentos sociais[146]

Para Denise Jodelet,[147] as representações permitem tratar de fenômenos observáveis, sendo trazidas pelas palavras, pelos objetos e imagens. O que é tam-

---

[143] DE CERTEAU, Michel. *A Invenção do Cotidiano.* V. 2. Petrópolis: Vozes, 2005.

[144] MOSCOVICI, Serge. Prefácio. In: Guareschi, Pedrinho e Jovchelovitch, Sandra (org). *Textos em Representações Sociais.* Petrópolis: Vozes, 1995. p. 7/16.

[145] SÁ, Celso Pereira de. Representações Sociais: o conceito e o estado atual da teoria. In: Spink, Mary Jane (org). *O Conhecimento no Cotidiano.* São Paulo: Brasiliense, 2004. p. 21.

[146] MINAYO, Maria Cecília. "O conceito de representações sociais dentro da sociologia clássica". In: Guareschi, Pedrinho e Jovchelovitch, Sandra (org). *Textos em Representações Sociais.* Petrópolis, Vozes,1995. p.89/111.

[147] JODELET, Denise. "Representações Sociais: um domínio em expansão". In: Jodelet, Denise. (org). *As Representações Sociais.* Rio de Janeiro: Eduerj, 2001. P.17.

bém abordado por Maria Cecília Minayo[148] ao pontuar que as representações sociais podem estar nas palavras, nos sentimentos e nas condutas institucionalizadas e que a sua compreensão e análise devem ser feitas a partir da compreensão das estruturas religiosas e dos comportamentos sociais.

As observações pontuadas pelos teóricos nos auxiliam a pensar o nosso objeto, a Pombagira. Sua manifestação de dá dentro da estrutura da religião, porém marcadas pelas relações sociais o que Minayo[149] observa ainda não serem as mesmas necessariamente conscientes e que podem se manifestar tanto na dominação quanto na resistência, tanto nas contradições e conflitos quanto no conformismo. Concluindo, observa que a palavra não é a realidade, mas uma fresta iluminada que representa. Nesse sentido observamos que no caso da Pombagira, objeto de interpretações conflitantes e ambíguas, as possibilidades de interpretá-la também podem ser ambíguas e duais, mas se utilizadas como frestas podem representar questões nem sempre conscientes pelos grupos que a produzem, mas reproduzidas a partir dos seus cotidianos e das realidades que os cercam.

A Pombagira é um fenômeno observável, que pode ter sua manifestação individual, mas representa coletivamente as mulheres quando fala em nome delas. A sua manifestação apresenta-se com uma infinidade de objetos e palavras, que supomos sejam frestas para interpretações sobre o universo feminino construído e, especificamente, sobre a Pombagira, que parece apresentar uma estrutura individualizada e sobrenatural, mas ao mesmo tempo reproduz o pensamento da sociedade.

Aqui nos deparamos com a noção de que a religião ajusta as ações humanas a uma ordem cósmica imaginada e projetada e projeta imagens da ordem cósmica no plano da experiência humana, o que segundo Clifford Geertz[150], não é novidade, mas precisa ser mais bem explicada. A manifestação da Pombagira pode nos ajudar a entender esse processo, uma vez que ela é definida como uma "entidade" o mais humana possível, mas que não é humana e transita do sagrado para o profano fazendo a intermediação entre os dois mundos, fazendo o contato entre deuses e humanos, ajustando o mundo material e espiritual, projetando um mundo no outro.

---

[148] MINAYO, Maria Cecília. "O Conceito de Representações Sociais dentro da Sociologia Clássica". In: Guareschi, Pedrinho e Jovchelovitch, Sandra (org). Textos em Representações Sociais, Petrópolis, Vozes, 2003. p 89/111.

[149] MINAYO, Maria Cecília. "O Conceito de Representações Sociais dentro da Sociologia Clássica". In: Guareschi, Pedrinho e Jovchelovitch, Sandra (org). *Textos em Representações Sociais,* Petrópolis: Vozes, 2003. p 89/111. p.10.

[150] GEERTZ, Clifford. *A Interpretação das Culturas.* Rio de Janeiro: LTC, 1989, p. 67..

A Pombagira e o poder

O poder da Pombagira é algo referenciado o tempo todo nas suas manifestações. Por esse poder entende-se a sua capacidade de fazer as coisas acontecerem, de fazer o "milagre". Quanto mais ela faz mais é chamada de poderosa, e "poderosa" está ligado à sua capacidade de afastar inimigos no campo do amor, das relações afetivas em geral, e do progresso material e tirar do caminho das pessoas, suas amigas, todo e qualquer embaraço para que elas tenham sucesso e felicidade. Por felicidade se compreende ter homens, ter dinheiro e beleza, esta última se mistura com dinheiro e sexualidade. A entrevistada Rita de Cássia da Oxum[151], observou que: *"uma coisa eu percebi, elas tomam as dores das mulheres. Elas às vezes trabalham só para o prazer de pegar o macho e dobrar"* Se não é permitido à mulher "formatada" expressar sua sexualidade, porque o sexo é reprimido, ela, dentro da estrutura da religião, estrutura esta que é determinada conforme observa Michel Foucault[152], pode exercer o seu poder usado da dissimulação.

A Pombagira fala de sexo fazendo pose, de forma dissimulada, porém não inocente. Foucault afirma que ao falar de sexo fazemos pose e que isso é uma forma de desafiar o estabelecido, sermos subversivos[153]. A Pombagira apresenta-se subversiva e dissimulada falando de sexo, e o seu discurso sexo apresenta o que Foucault[154] chamou de *"a revelação da verdade, a inversão da lei do mundo, o anúncio de um novo dia e a promessa de uma certa felicidade, servindo o sexo de suporte para pregação"*. Essa relação da Pombagira com a sexualidade, como uma condutora de vontades a torna perigosa e temida, ao mesmo tempo em que fascina.

Observamos que as pesquisas realizadas sobre a Pombagira ou trabalhos apresentados por religiosos trazem problemas cruciais. Por um lado ela é perigosa, má, feiticeira, por outro a sua figura ambígua é causadora de perplexidade. Isso nos parece ter relação com a sexualidade e, particularmente, com a homossexualidade. Nesse sentido, nosso trabalho avança revisando as observações já feitas sobre a figura da Pombagira, independentemente das colocações sobre as opções sexuais ou diferenças biológicas. A sua manifestação no espaço religioso traz modelos do masculino e feminino construídos socialmente e atenta para o fato de que o conceito inicial de gênero nos permite perceber a relação entre ho-

---

[151] Rita de Cássia da Oxum. Entrevista realizada no dia 10 de novembro de 2006.

[152] FOUCAULT, Michel. *História da Sexualidade. A vontade de saber.* Vol. 1. Rio de Janeiro, Graal, 1998, p. 89.

[153] FOUCAULT, Michel. *História da Sexualidade. A vontade de saber.* Vol. 1. Rio de Janeiro, Graal, 1998, p. 89.

[154] FOUCAULT, Michel. *História da Sexualidade. A vontade de saber.* Vol. 1. Rio de Janeiro, Graal, 1998, p. 89.

mens e mulheres, como sexos construídos socialmente[155]. É oportuno observar que o estranhamento e toda a carga de preconceito que a Pombagira sofre possivelmente ocorram pela forma com que as questões são colocadas, apresentando-a como algo perigoso, relacionado à prostituição, quando pode estar sinalizando que ela é apenas uma mulher livre. Devemos lembrar que ser homem e ser mulher são papéis que envolvem uma teia complexa e que na manifestação da Pombagira precisa ser entendida, muitas vezes, quebrando-se inclusive o paradigma das diferenças genéticas tão discutidas sobre a Pombagira pela sua manifestação relacionada à homossexualidade ao se apresentar no corpo masculino e feminino. Quanto a essa questão Rita de Cássia da Oxum observou:

> Os homossexuais, eles capricham muito na questão da manifestação da Pombagira, eles capricham muito com relação às roupas, e a tratam muito bem, porque pra gente a Pombagira é o "EU" e no caso dos homossexuais eles tratam ela com muito bem porque e o que eles querem ser. No caso de um terreiro com varias mulheres incorporadas e com um homossexual, pela forma com que ele trata a Pombagira e pelo capricho que busca ele se destaca e fica bonito, quando não é caricato. Também acontece da mulher incorporada parecer caricata. Às vezes para o homem encontrar seu espaço, se assumir enquanto homossexual isso é importante, quando ele consegue vencer todos os preconceitos pra se assumir, e ser o que é. Quando ele incorpora está mostrando o que ele é, e fica bonito.

Pombagira: mulher de tantas imagens

A Pombagira, dentro da perspectiva em que a colocamos é uma construção social, que parece subverter papéis, mas acaba por apresentar subjetivamente os conflitos e contradições principalmente com relação às tensões do masculino e feminino. É atemporal, e ao mesmo tempo mostra-se engajada na luta das mulheres desse tempo, trazendo uma carga histórica, amoldando-se em distintas realidades, condições sociais e raciais. Para Pierre Bourdieu,

> ...a religião contribui para a imposição (dissimulada) dos princípios de estruturação da percepção e do pensamento do mundo e, em particular, do mundo social, na medida em que impõe um sistema de práticas e de representações cuja estrutura objetivamente fundada em um principio de divisão política apresenta-se como a estrutura natural-sobrenatural do cosmos [156].

---

[155] BEAUVOIR, Simone. *O Segundo Sexo*. Rio de Janeiro: Nova Fronteira, s/d.
[156] BOURDIEU, Pierre. "Gênese e Estrutura do Campo Religioso". In: *Economia das Trocas Simbólicas*. São Paulo: Perspectiva, 2004, p. 33/34.

Para entender e explicar a complexidade histórica e cultural do nosso objeto nos apossamos do conceito de hibridação de Nestor Canclini, que o define como útil em algumas pesquisas para abranger conjuntamente contatos interculturais que costumam receber nomes diferentes. Hibridação ajuda a compreender as fusões raciais ou étnicas denominadas mestiçagem ou sincretismo de crenças e também outras misturas modernas. Segundo Canclini, hibridação é um novo modo de falar sobre sincretismo, identidade, cultura, diferença, desigualdade e multiculturalismo[157].

A Pombagira nos apresentou no trabalho de campo uma grande diversidade cultural. A sua figura apresenta uma construção híbrida, uma vez que mais que personagem da religiosidade afro e afro-brasileira traz elementos que se fundem e ao mesmo tempo são distintos. Podemos citar como exemplos, que ela pode ser uma dama antiga, uma Cigana, uma mulher do povo, uma prostituta ou uma menina violentada. Pode também ser velha e nessa condição é saudada como Pombagira Cacurucaia[158]. Essa condição de ser velha, não diminui o seu valor ou poder. Pode ser negra (mas raramente é) ou loira de olhos azuis e apresenta características de todas as mulheres, e, no espaço ritual todas se manifestam juntas e independente de qualquer qualidade ou característica. Pela variedade de Pombagiras, para cada tipo de mulher, lugares da natureza e características das mais diversas. Por isso entendemos que ela é uma mulher e carrega a história das mulheres na sua construção, podendo ser adaptada, amoldada de acordo com as casas e os médiuns. Essas questões são importantes de serem pensadas sobre a Pombagira, sua construção e multiplicidade, que aqui vamos chamar de hibridismo. Conforme definição de Nestor Canclini hibridação *"é quando na sua construção elementos múltiplos de processos sociais e culturais que existiam de formas separadas se juntaram e geraram novas estruturas e práticas[159]"*.

A Pombagira é uma figura de misturas particulares, por isso a pensamos como híbrida. Canclini diz ainda que *"hibridação são processos sócio-culturais nos quais estruturas ou práticas diversas que existiam de forma separada, se combinam para gerar novas estruturas[160]"*. Também pensando o conceito Homi Bhabha[161] observa que a hibridação é produzida na articulação das diferenças culturais, e que esse momento acolhe as diferenças culturais sem hierarquia. Bhabha chama a atenção

---

[157] CANCLINI, Nestor. *Culturas Híbridas*. São Paulo: Edusp, 2006, p. XVII.

[158] "Cacurucaia" é a expressão que designa a "Pombagira velha".

[159] CANCLINI, Nestor. *Culturas Híbridas*. São Paulo: Edusp, 2006, p. XIX.

[160] CANCLINI, Nestor. Culturas Híbridas. São Paulo: Edusp, 2006, p XIX.

[161] BHABHA, Homi K. O Local da Cultura. Belo Horizonte: Editora da UFMG, 2003, p. 20/22.

para a implicação do termo hibridismo utilizado para falar de multiculturalismo, indicando que o termo hibridismo pode significar situações em transformação. A Pombagira nos trouxe essas imagens de encontros culturais, mas também de ser ela um fenômeno em transformação, o que também pode ser causa da sua ambiguidade.

Não há dúvida de que a Pombagira possui identificações muito plurais, e de que a sua manifestação se dá dentro de um processo híbrido que acolhe as diferenças culturais. A sua construção é feita dentro das práticas e do cotidiano das mulheres brasileiras, muito embora tenhamos encontrado diversas formas de relacionar a Pombagira com outras manifestações em outras culturas ou em outros modelos religiosos. Como exemplo, lembramos Maria Lionza[162], que não é uma Pombagira, mas que apresenta características muito interessantes, formadas do encontro da cultura africana e indígena. Também por isso estamos falando das baianas, das mestras, das princesas dentro da mesma concepção. Sabemos do perigo das generalizações como se tudo fosse uma só coisa. Clifford Geertz[163] nos alerta para o perigo das afirmações seguras, no entanto observa ainda que isso se torna possível em razão de um grau mínimo de coerência entre os sistemas culturais, o que nos parece justificável quando falamos da Pombagira como uma mulher e a utilizamos como referencial para falar de mulheres independente de raças, credos ou etnias.

Pensando a Pombagira

A Pombagira é inicialmente identificada com a religiosidade afro-brasileira. Afirmam alguns que ela é uma criação tipicamente brasileira, pertencendo a Kimbanda, designação criada para limpar a Umbanda[164]. Cabe aqui lembrarmos as observações de Stefania Capone ao frisar que:

> ...ainda que a maioria dos médiuns afirme que a Pombagira é uma criação tipicamente brasileira, ela pode ser reinterpretada e legitimada como "a escrava" de uma divindade, isto é, como um Exu africano.

Nesse sentido, nossos entrevistados pertencentes a casas distintas e dou-

[162] María Lionza é o nome de uma figura mitológica da *Venezuela*, centro de um culto que reúne elementos das religiões indígenas, do *espiritismo*, das religiões afro-americanas e do catolicismo. http://pt.wikipedia.org/wiki/Mar%C3%ADa_Lionza

[163] GEERTZ, Clifford. *A Interpretação das Culturas*. Rio de Janeiro: LTC, 1989.

[164] AUGRAS, Monique. "De Yiá Mi à Pomba gira. Transformações e Símbolos da Libido", In: Moura, Carlos Eugenio de (org). *Meu sinal está no teu corpo*. São Paulo: Edicon/Edusp, 1989. P.14/33.

trinas diferentes sempre fizeram referência à Pombagira como a "escrava do orixá". Mesmo acrescendo significados, origens e funções variadas, ou até mesmo quando a definem em duas formas, uma ligada ao orixá e, portanto, nem boa nem má e a outra que encarna as mulheres do mundo, com seus defeitos, desejos e, portanto boa e má, reforçam sempre a dualidade e ambiguidade.

Em que pese sua relação com a africanidade, sua representação de mulher não é da mulher africana. Ela se apresenta como uma mulher de cabelos longos, geralmente clara, ou seja, de beleza europeia. Pode ser também a cigana de longos cabelos relacionada à beleza e magia. Durante as observações em apenas uma oportunidade encontramos uma Pombagira que se identificava como "Dona Mulata". Sempre ao descrever a entidade características brancas se fazem presentes. Também nas nossas observações por intermédio da Internet, nas ilustrações da representação da Pombagira ela aparece de loira a morena dentro de um padrão de beleza criado da mulher magra, alta.

Nas observações em campo, percebemos que mulheres fora desses padrões de beleza, ou seja, mulheres com mais idade e gordinhas, recebiam suas Pombagiras geralmente novas, magras, ou seja, bonitas, porque ser bonita está muito mais relacionado ao poder do que a padrões estéticos da moda. Talvez por isso Antonio Alves Teixeira Neto[165] tenha afirmado que ela só se manifesta em mulheres bonitas, porque a Pombagira torna, simbolicamente, as mulheres todas, com particularidades e individualidades, igualmente bonitas e poderosas.

Quanto à questão de pureza e tradição, devemos lembrar que embora alguns entrevistados tenham reivindicado mais tradição para a sua casa, em todas encontramos a Pombagira manifestando-se de forma muito parecida. As distinções nos pareceram muito mais ligadas ao espaço, ao poder aquisitivo dos adeptos ou mesmo a preferências pessoais, mas não podemos dizer que não haja identificações e relações entre as casas, seja na forma de apresentar ou nas definições que nos foram dadas pelos entrevistados e entrevistadas. Devemos lembrar que há um grande intercâmbio entre as casas, até por conta de um imenso trânsito religioso dos adeptos, e que os modelos femininos constroem o campo simbólico constituído da grande variedade de Pombagiras.

Entendemos que isso ocorra em razão da sua imensa variedade e possibilidades para os papéis sociais. Ela cabe em todas as classes sociais, raças e opções sexuais, ultrapassa a construção homem/mulher. Sua figura é marcada pela história das mulheres e, ao mesmo tempo em que parece subverter os papéis sociais

---

[165] TEIXEIRA NETO, Antonio Alves. *A magia e os encantos da Pombagira*. Rio de Janeiro: Editora Eco, s/d.

estabelecidos, propicia transformações, reproduzindo discursos instituídos.

A Pombagira referenciada como *"uma das entidades mais populares da religiosidade afro-brasileira[166]"*, que faz parte do imaginário popular como um "ser" do qual se pode fazer uso nas práticas diárias da vida, também referenciada como mulher destemida que rompe regras, é, ao final, remetida a uma forma caricata de prostituta. Ainda no mesmo sentido, ela é associada à mulher forte, independente, feiticeira, livre, sedutora e poderosa que foge aos padrões da mulher "formatada", como sendo a mulher ideal na sociedade patriarcal. Representa o mal, na medida em que representa a desobediência ao estabelecido, em que toma atitudes permitidas somente ao homem, tais quais beber, fumar, seduzir e exercer o seu poder contra ele.

Por isso, é referenciada como a mulher da rua, a que ocupa espaços públicos, sendo uma mulher pública. Margareth Rago[167] observa que essa expressão "mulher pública" pode ser traduzida como reveladora de uma longa história de exclusões, humilhações ostensivas contra as mulheres, mas que pode também revelar profundos deslocamentos e conquistas, o que, nos parece, mostra na Pombagira, que, embora apresente transformações e conquistas, apresenta uma grande carga conservadora.

Os estudos realizados sobre a Pombagira demonstram claramente a sua conexão com a sexualidade[168]. Nossas observações de campo, assim como as entrevistas realizadas reforçaram essa característica sendo marcada na fala dos entrevistados e entrevistadas. Às perguntas sobre as funções da Pombagira tivemos como resposta, quase sempre, o amor, o relacionamento, observando-se que a Pombagira é procurada por mulheres para conseguir homem e por homens para resolver problemas da sua sexualidade, o que reforça assim, a sua função de auxiliadora das questões que envolvem o sexo.

A questão é que, ao ser associada às funções de auxiliadora dos casos amorosos, ela acaba por ser vinculada ao mal. Esse mal não é explicado e é remetido ao sobrenatural, causando as ambiguidades, complexidades e perplexidades alegadas que marcaram as pesquisas sobre a mesma. Associamos esse mal à sua

---

[166] PRANDI, Reginaldo. "Pombagira: as faces inconfessas do Brasil". In: *Herdeiras do Axé*. São Paulo: Hucitec, 1996, p. 139/145.

[167] RAGO, Margareth. Ser Mulher no Século XXI. In: Venturi, Gustavo; Recaman, Marisol e Oliveira Suely. (org) *A Mulher Brasileira nos espaços públicos e privados*. São Paulo: Editora Perseu Abramo, 2004, p. 31.

[168] Entre os trabalhos que consideramos mais importantes sobre a Pombagira e a questão da sexualidade encontram-se Maria Padilha e toda sua quadrilha de Marlyse Meyer; Pombagira: As faces inconfessas do Brasil, de Reginaldo Prandi e Fazer Estilo criando gêneros de Patrícia Birman. Esses estudos apresentam a Pombagira relacionada à sexualidade e às tensões de gênero e nos permitiram elaborar as hipóteses para esse trabalho.

função relacionada à sexualidade, uma vez que a questão envolve preconceitos. A sua atuação permeia o lúdico[169] e o maligno havendo um embate entre os dois, o que torna a Pombagira ao mesmo tempo causadora de repulsa e sedução.

A forma com que ela se apresenta e os discursos que exterioriza, são portadores da voz feminina, marcada pelas relações de gênero construídas socialmente, apresentando as mulheres submetidas aos homens, o que nos remete à Simone de Beauvoir[170] quando diz que as mulheres são relativas ao homem, ou seja, extraídas deles como a costela de Adão e que, portanto, não são autônomas. Apesar de estarmos falando de uma entidade espiritual que apresenta características distintas das mulheres que chamamos de formatadas pela sociedade, o que significa o modelo de mulher que Simone de Beauvoir[171] chamou de "verdadeira mulher", ela interage do mundo espiritual para o material, o que também a torna dual e ambígua. A Pombagira permite o diálogo sobre a condição da mulher por um viés complexo de avanços e retrocessos, marcado por saberes populares. Por outro lado, a Pombagira parece permitir a desconstrução dos corpos na medida em que permite a sua manifestação tanto em corpos femininos como masculinos.

O corpo feminino construído para ser usado pelo para o homem é simbolicamente colocado no espaço ritual para esse fim, mas, ultrapassando o tempo e o lugar, acaba por subverter essa ordem, abrindo brechas por meio da sedução ou da força, o que é marca da luta das mulheres. Uma das funções da Pombagira é fazer com que a mulher não seja apenas o outro, mas sujeito de ações. As relações e suas tensões se abrem de forma inconsciente, apresentando-se por meio da "incorporação" como a outridade[172], uma outra voz que propicia o ouvir-se. Também por meio da "incorporação", essa voz do além propicia a legitimação das questões não passíveis de diálogo.

Não há essa consciência clara entre as pessoas que interagem com a Pombagira, uma vez que como ela pertence ao sobrenatural torna-se difícil a sua assimilação de forma prática. Porém, ao serem provocados, os entrevistados e entrevistadas dão pistas falando da importância das Pombagiras nas suas vidas ao assinalarem os locais de atuação da mesma. Fátima de Oyá diz que a pombagira faz a mulher se sentir mais mulher. A Dofona Myrtes de Oyabale[173] diz que a

---

[169] GEERTZ, Clifford. *A Interpretação das Culturas*. Rio de Janeiro: LTC, 1989.

[170] BEAUVOIR, Simone. *O Segundo Sexo*. Rio de Janeiro: Nova Fronteira, s/d.

[171] BEAUVOIR, Simone. *O Segundo Sexo*. Rio de Janeiro: Nova Fronteira, s/d.

[172] PAZ. Octavio. *La Otra Voz. Barcelona*, Seix Barral, 1990.

[173] Dofona Myrtes de Oyabale. Entrevista realizada no dia 26 de agosto de 2006.

Pombagira faz com que fique mais calma, dizendo com isso que a Pombagira interfere na condição feminina, provocando mudanças de libertação, mas também de acomodação.

Por isso há uma infinidade de elementos para a análise, que vão desde a fala dela, da fala sobre ela, dos seus adereços, das suas vestes, dos elementos e objetos rituais utilizados com ela e nela, além da variedade de formas com que se apresenta. Por variedade estamos nos referindo à vestimenta, jeito de falar, preferências particulares e histórias de origens diversificadas, o que vai mostrar uma diferença, no sentido de diversidade, que torna a Pombagira híbrida, ao mesmo tempo em que é composta por uma variedade plástica.

Festa na casa de Fátima de Oyá. A imagem representa duas qualidades de Pombagira a Cigana da Praia no primeiro plano, com suas vestes típicas, e ao fundo uma outra que se apresentou com uma roupa bastante moderna.

Se a sua figura está centrada na cortesã ibérica conforme nos afirma Marlyse Meyer[174] ao narrar a trajetória de Maria Del Padilla, ou da sofrida filha do coronel nordestino, conforme é apresentada a Pombagira Maria Molambo pelo mestre Omolubá[175], ou ainda como é definida por grande parte dos pesquisadores como dual, transgressora e portadora de poder, há uma unidade. Em todas as

174 MEYER, Marlyse. *Maria Padilha e toda sua quadrilha*. São Paulo: Duas Cidades. 1993.
175 OMOLUBÁ, Babalorixá. *Maria Molambo na Sombra e na Luz*. Rio de Janeiro: Pallas, 1990.

formas em que ela é apresentada, as tensões das relações do mundo masculino e feminino se fazem presentes. A sua manifestação se presta a esse papel de intermediar as relações, marcada pelas tensões das relações de gênero, apresentando a ambiguidade que também faz parte da condição dessas relações.

As observações e leituras nos indicam que as manifestações da Pombagira, assim como as relações entre entidade e adeptos das práticas religiosas nas quais ela se manifesta, podem nos remeter a importantes questões relativas às tensões das relações de gênero. Por meio da manifestação da Pombagira o feminino apresenta toda sua multiplicidade e complexidade em toda sua variedade, seja de "falanges" [176] às quais pertencem, seja da "doutrina"[177] das casas onde freqüentam, ou ainda pelas particularidades de cada Pombagira e de cada médium[178], formando uma imensa diversidade de Pombagiras.

Festa na Casa de Fátima de Oyá (centro). A foto apresenta três qualidades de Pombagiras manifestadas em pessoas distintas interagindo no mesmo espaço.

---

[176] Falange é definido como o grupo a qual pertence às entidades. As Pombagiras Maria Padilhas pertencem a uma falange, enquanto as Molambos pertencem à outra, as ciganas à outra, ou seja, os espíritos fazem parte de grupos pelos quais são classificados e identificados.

[177] Doutrina são regras, normas, práticas das casas religiosas.

[178] As Pombagiras Maria Padilhas pertencem a uma falange, enquanto as Molambos pertencem à outra, as ciganas à outra. Elas formam grupos, ou classes espirituais. Possuem identificação pelo grupo ao qual pertencem, no entanto a Maria Padilha que incorpora em uma mulher não necessariamente é a mesma da outra. Diversas mulheres dentro do mesmo grupo religioso podem entrar em transe com entidades que se identificam como Padilhas, porém elas possuem distinções de acordo com o orixá ou com alguma particularidade do médium. Por exemplo, pode ser Padilha do Cemitério, da Calunga grande (mar) da Calunga pequena (cemitério), da Encruzilhada, da Estrada, e assim por diante.

Entre as tantas formas com que a Pombagira se apresenta, uma das suas características é que ela vem definida pelos religiosos como o feminino de Exu. Exu a despeito da sua má fama produzida pelo sincretismo, conforme observa Reginaldo Prandi[179], vem sendo recuperado pelo movimento de reafricanização para voltar a ser o orixá mensageiro que abre os caminhos, que não é nem bom nem mau. Assim a Pombagira também passa a sofrer as transformações nas interpretações sobre sua figura.

Durante o trabalho de campo, observamos nos discursos dos sacerdotes e sacerdotisas a preocupação em apresentar a figura da Pombagira dentro dessa mesma perspectiva trabalhada por Prandi, ou seja, Pombagira não só e não mais diabólica, mas já também auxiliadora e transformadora no processo de conhecimento e de evolução da mulher como ser político. Nossas entrevistadas e nossos entrevistados tiveram o cuidado em observar essa característica importante na Pombagira de exercer de alguma forma sobre as mulheres o poder para que elas possam enfrentar os problemas diários. De maneira geral os/as entrevistados/as afirmaram que as Pombagiras podem interferir em diversas questões como trabalho, amor e até saúde. Contudo, as repostas definem a Pombagira como a grande aliada da mulher na solução dos problemas amorosos são mais presentes. Para Myrtes de Oyabalé, a Pombagira tem uma função de embelezamento. Ela diz que quando incorpora sente a transformação, inclusive fisicamente:

> Ela bota a mulher pra cima, deixa mais sexy, mais sensual. Eu acho isso, e quando eu vejo a Pombagira nas pessoas, elas ficam mais bonitas, mais sensuais e quando elas vão embora elas deixam um pouco daquilo nas pessoas que ficam mais bonitas.

Marcadamente a Pombagira está relacionada à afetividade e embora ela tenha como principal atributo o de ser a advogada das causas amorosas dos homens e das mulheres essa atribuição é estendida para todo e qualquer sentimento entre as pessoas. Para Marcio da Oxum a Pombagira ajuda as mulheres na afetividade sentimental romântica e aos homens na afetividade e também na questão sexual. A mulher, nesse caso, é colocada como esse outro que Simone de Beauvoir[180] diz ser relativa ao homem, no entanto ela não é igual ela é o outro e possui distinções de construção. Retira-se dela a sexualidade, tornando-a romantizada

---

[179] PRANDI, Reginaldo. *Exu, de Mensageiro a Diabo. Sincretismo Católico e Demonização do Orixá Exu.* Dossiê Revista Cinqüenta, n. 50, pp. 46-63, jun.-ago./01.
[180] BEAUVOIR, Simone. *O Segundo Sexo.* Rio de Janeiro: Nova Fronteira, s/d.

pela afetividade, muito embora a Pombagira tenha claramente essa função sexual, na hora de falar sobre isso alguns homens trazem as construções sociais falando de forma velada. Nesse sentido, percebemos na fala dos homens que para eles a Pombagira é mais lúdica e para as mulheres ela é mais prática mais concreta.

A Pombagira possui uma vasta gama de representações aos quais ela é associada. Objetos, posturas que remetem à sua figura. Sobre isso vamos tratar no próximo capítulo.

AS REPRESENTAÇÕES DA POMBAGIRA

Este capítulo será dedicado a mostrar como foram apreendidas as representações da Pombagira. O espaço ritual e gestual, música e objetos, nos quais acreditamos, estariam as representações explicitadas. A busca pelas representações da Pombagira, ou especificamente pelas representações de gênero nas manifestações da Pombagira, nos pareceu associada a todas as suas formas de manifestação, seja no espaço ritual ou no cotidiano. Assim, este capítulo, buscou mostrar as formas e lugares onde buscamos as representações de gênero nas manifestações da Pombagira, seguindo as pontuações dadas por Serge Moscovici[181] de que as representações sociais podem ser encontradas nos mais diferentes lugares e que podem nos ajudar a compreender algumas realidades sociais com as quais nos deparamos.

Ancoramos-nos no entendimento de que a Pombagira é uma construção social. Assim, ela é pautada em representações sociais, pois, conforme Sandra Jovchelovitch[182], as representações são fenômenos colado ao tecido social, for-

---

[181] GUARESCHI, Pedrinho. Jovchelovitch, Sandra. *Textos em Representações Sociais*. Petrópolis: Vozes, 2003. p. 20.

[182] JOVCHELOVITCH, Sandra. Vivendo a vida com os outros: intersubjetividade, espaço público e representações sociais. In: Guareschi, Pedrinho e Jovchelovitch, Sandra (org). *Textos em Representações Sociais*, Petrópolis: Vozes, 2003, p.63.

mados por construções articulares da realidade social, por serem as representações construídas da relação do indivíduo com a sociedade. A autora observa ainda que a vida pública oferece condições para a permanência e a história, não pertencendo apenas a uma geração, àqueles que vivem, mas que ela é imortal e transcende produzindo e se transformando em artefatos e narrativas humanas[183]. Essa perspectiva nos parece apropriada quando pensamos na Pombagira e suas formas de manifestação. Ela se mostra como uma construção social e histórica, que transcende na medida em que apresenta as mulheres de diversos tempos e culturas interagindo no tempo presente no espaço ritual, ultrapassa, dessa forma, o tempo presente.

Algumas questões foram muito pontuais no trabalho de campo como a afirmativa de que toda mulher dentro do contexto da religiosidade tem uma Pombagira[184]. Isso nos remete a outras afirmações quanto a Pombagira ser uma mulher como todas as mulheres e representar a essência do feminino que se apresenta em alguns momentos como uma arma, ma defensora das mulheres. Rosinha de Yemanjá disse que a sua Pombagira fala que gosta de homens, mas não de homens que maltratam as mulheres. Rita da Oxum também teceu diversas observações quanto a essa função da Pombagira de atender principalmente as mulheres que têm problemas com os homens.

De forma geral, nossas entrevistas nos apresentaram a Pombagira como positiva, sendo aquela que, conforme Fátima de Oyá, *faz com que a mulher se sinta mais mulher*. O que não impede que as ambiguidades estejam presentes lembrando as armadilhas que ela pode apresentar, pois pode também representar o perigo e isso está relacionado ao entendimento, ao conhecimento de cada pessoa. Rosinha de Yemanjá alerta:

> A Pombagira ajuda da maneira que a pessoa procura, tanto faz o bem como o mal, depende de quem procura e o que pedem. Mas eles também são bons, abrem os caminhos, ajudam na relação com o dinheiro, mas é preciso saber

---

[183] JOVCHELOVITCH, Sandra. Vivendo a vida com os outros: intersubjetividade, espaço público e representações sociais. In: Guareschi, Pedrinho e Jovchelovitch, Sandra (org). *Textos em Representações Sociais*, Petrópolis: Vozes, 2003, p.68.

[184] Essa questão foi contemplada no nosso trabalho de campo sendo questionado se todas as mulheres possuíam uma Pombagira. Realizamos catorze entrevistas, sendo que em treze a reposta é afirmativa, observando que independente da religião, de ser ou não adepto todas as pessoas possuem uma Pombagira, complementando que a Pombagira é o principio feminino e que, portanto todas as pessoas homens e mulheres possuem uma Pombagira, mesmo que ele não interaja com ela, que significa não entrar em transe, não passar pelo processo de "incorporação". De forma prática o entendimento das pessoas ligadas à religiosidade afro-brasileira e de que o masculino e feminino são chamados de energia e que está presente em todas as pessoas, independente da opção sexual.

lidar com eles para não ir para baixo.

As respostas dos homens foram pontuadas por esquemas mais controladores. Parece-nos que há por parte, mesmo dos que incorporam a Pombagira, um receio, como se aquela "energia" fosse desconhecida. Para os homens, as definições passam por critérios que são pontuados por esquemas controladores e marcados por discursos de dominação naturalizados. Para o Babalorixá Roberto Athayde elas podem ser negativas e observa que:

A Pombagira para mim são espíritos de prostitutas, de mulheres que deixaram seus lares, seus maridos, que caíram na zona, na vida. Mulheres de vida perdida que gostam de beber e fumar. Têm delas, que apesar de ter esses problemas tem índole boa, elas trabalham na linha delas, mas tem índole boa. Agora, essas ruins dependem do médium. Tem pessoas que se aproveitam e aperfeiçoam a Pombagira para fazer o mal e ganhar dinheiro.

Percebemos diferenças nas falas dos homens e das mulheres quanto ao papel da Pombagira nas suas vidas, suas construções e funções. Não podemos negar que a fala do homem está repleta das construções sobre o feminino e masculino e que ele também busca exercer o controle disciplinar estabelecido pela divisão dos sexos e fortemente marcado pelo controle sobre o corpo feminino[185]. O Ogã Silvestre observa que: *as Pombagiras, por serem da linhagem de Exu, não são espíritos controláveis*. As falas das mulheres também trazem construções cristalizadas sobre as relações de gênero, porém as mulheres quando conhecem a Pombagira, estabelecem com ela uma relação de intimidade e passam a fazer uso das suas funções no cotidiano.

A estética e a organização do ritual

Quanto à distinção entre as casas, observadas com relação às cores, bebidas, comidas, e roupas, apesar de variadas em cada ambiente, todas juntas formam uma diversidade harmoniosa. Em todas as casas há diversidade, mas essa diversidade acaba por apresentar-se ao mesmo tempo diferenciada e com identificações, o que temos tratado como uma plasticidade na manifestação da Pombagira que é o fio condutor representado pelas suas funções, religiosas e sociais.

Quanto à estética, em todas encontramos a predominância do preto e vermelho, das bebidas quentes para os homens e das mais suaves para as mulhe-

---

[185] FOUCAULT, Michel. *Vigiar e Punir*. Petrópolis: Vozes, 2001.

res, de charutos para eles e para elas cigarros mais finos, podendo haver alguma distinção de acordo com a preferência pessoal ou poder aquisitivo.

Os modelos das roupas são variados em todas as casas, mas trazem características idênticas, por estar ligado às ciganas e às damas antigas de diversos tempos e culturas, conforme podemos observar nas fotos da narrativa fotográfica em anexo. Apesar de ser dito que cada Pombagira tem a sua qualidade, suas características, digamos que uma poderia usar a roupa da outra.

Se no corpo de uma mulher está uma entidade masculina, ela será tratada como homem e assim se comportará fazendo uso de elementos masculinos, tomando bebidas quentes consideradas masculinas, como cachaça, conhaque ou wisk e fumando charutos. Da mesma forma, uma entidade feminina incorporada em um homem receberá o tratamento dado a uma mulher. Em algumas ocasiões, percebemos observações das adeptas de que suas Pombagiras quando estão "viradas"[186], fumam qualquer coisa e bebem cachaça ou qualquer outra bebida forte considerada masculina.

De forma geral, a não ser que não haja homens para incorporar, o ritual é demarcado inicialmente pela presença masculina e, se não há homens para incorporar, as mulheres o fazem incorporando entidades femininas. A manifestação de mulheres com entidades masculinas é bastante comum, ocorrendo sem que a sexualidade delas seja colocada em discussão. No entanto, a incorporação de homens com a Pombagira quase sempre leva a presunção de homossexualidade.

Muito embora a Pombagira seja relacionada ao exu como o seu feminino, a presença deles no espaço ritual tem distinções marcantes. Os exus são representados pela densidade, pela preocupação exteriorizada pela aparência séria e sisuda, pela predominância da cor preta nas roupas, o que dá uma aparência de estilo formal, uniforme, adequado e necessário, que, conforme observa Naomi Wolf[187] corresponde à aparência esperada dos homens. O que se contrapõe ao momento demarcado pela presença feminina marcado pela alegria, pelo colorido, pelo luxo, pela diversidade e pela frivolidade, caracterizando o momento dedicado às mulheres como descomprometido. Lembrando ainda as observações de Naomi Wolf[188], de que as mulheres precisam se esforçar para se apresentarem,

---

[186] "Viradas" é uma expressão utilizada pelas adeptas que significa estar de transe. Também é utilizada para dizer que suas Pombagiras estão com algum problema ou que por elas estarem com algum problema suas Pombagiras vem "viradas", sendo utilizada para explicar quando elas vêm com raiva, de forma mais violenta e agem de maneira mais agressiva e mais irreverente.

[187] WOLF, Naomi. *O Mito da Beleza. Como as imagens de beleza são usadas contra as mulheres.* Rio de Janeiro: Racco, 1992. p.62.

[188] WOLF, Naomi, *O Mito da Beleza: como as imagens de beleza são usadas contra as mulheres.* Rio de Janeiro: Racco,

pois precisam mais que competência e boa aparência. Elas precisam mostrar beleza e luxo, valorizando seu corpo, com roupas que lhe valorizem esteticamente. . Enquanto isso, os homens fazem uso de adornos mais padronizados e uniformizados, como a capa preta que lhe cobre o corpo como rei, o uso do chapéu normalmente preto, que caracteriza a formalidade e seriedade do elemento masculino. Não há preocupação de mostrar o elemento masculino como belo, mas como forte, responsável e protetor.

Nas casas onde a liderança é feminina ocorrem algumas variações, especialmente quando a sacerdotisa da casa tem a Pombagira por guia principal ou nas ocasiões em que se faz festa especialmente para a Pombagira da casa, ou qualquer outra Pombagira que esteja sendo homenageada. Nessas ocasiões há um direcionamento do ritual para aquela Pombagira, ou seja, ela é reverenciada, é o centro das atenções durante o ritual. Nesses casos o ritual passa por distinções estéticas, o que faz parte das suas funções e das formas de manifestação nas diversas casas.

Nas casas que pesquisamos como a maior parte era dirigida por mulheres, percebemos que a Pombagira que incorporava nas sacerdotisas chefes das casas era o centro das atenções, ocorrendo a sua chegada por primeiro, vindo logo após as outras Pombagiras da casa. É comum que haja a incorporação de alguns homens com seus exus um ou dois apenas para fazer a segurança. Fátima de Oyá, quando incorporada com sua Pombagira Dona Maria Padilha, comentou que gostava de "trazer um homem para lhe fazer companhia". Na sua casa, no dia da festa apenas dois homens incorporaram, enquanto ocorreu a manifestação em doze mulheres. Na casa de Clotilde de Yansã, o processo ritual apresentou algumas alterações. Primeiramente, cantou-se para os Exus e diversas mulheres incorporaram. Nessa parte do ritual elas usam calça e blusa (abadá). Depois aconteceu um pequeno intervalo e elas voltaram para o salão com as roupas das suas Pombagiras, quando ocorreu a incorporação das mesmas. É interessante que as Pombagiras incorporam em tempo diferente e como companhia uma das moças da casa recebe o Seu Zé Pelintra[189], para fazer companhia a elas.

Muito embora ocorram algumas distinções, de maneira geral há uma plas-

---

1992. p.65.

[189] Seu Zé Pelintra é uma entidade diferenciada. Tem status de Exu, mas não o é exatamente. Sua figura é alegre, gosta de beber e de mulheres, estando associado à malandragem. Aparece na Umbanda como uma figura da malandragem carioca, mas aparece também como Mestre na Jurema que é uma tradição religiosa do Nordeste. Assim é comum nos terreiros a sua presença acontecer no mesmo momento em que se manifestam as Pombagiras.

ticidade nas manifestações, de uma casa para outra, dependendo muito mais de questões externas, como gosto pessoal e poder aquisitivo, o que reflete no espaço, na disposição dos objetos e na quantidade e luxo dos mesmos. Assim, esteticamente, parece haver diferença na estética dos rituais, mas na essência naquilo que representa o ritual, sua finalidade e função, acabam por terem identificações, o que nos oferece o que chamamos de plasticidade na manifestação da Pombagira.

De forma geral os rituais dedicados à Pombagira (mulheres) são realizados interagindo-se com os exus (homens). Normalmente, salvo especificidades, os rituais abertos ao público dedicados aos exus, designação que abrange homens e mulheres, inicia-se pela saudação aos homens, o que sempre é feito através dos cantos, sendo um a um homenageados, ocorrendo a "chegada" dos mesmos que passeiam pelo salão atendendo, conversando, fumando e bebendo. Os papéis estabelecidos como sendo de homem e de mulher são apresentados. Muito embora nos pareça que a Pombagira se aposse de características do poder masculino, por seu enfrentamento, por fumar e beber há um cuidado para que a ela sejam dadas "coisas de mulher", para que se mantenha sua feminilidade.

As variações de roupas, bebidas, decoração de ambiente e outros detalhes que podem ocorrer entre casas ou mesmo dentro da mesma casa entre as pombagira são pessoais, uma vez que para a religião, a Pombagira é um espírito de mulher. Pode ter sido uma mulher que sofreu por amor, que teve uma vida infeliz no casamento, que foi violentada e espancada por um homem, ou que rompeu com a família e com o casamento e após a sua morte passou a "baixar nos terreiros" manifestando-se por meio do transe. e traz consigo "lembranças" do tempo em que viveu na terra. Isso também está relacionado às suas preferências por bebidas, perfumes, enfeites e roupas.

Uma questão curiosa que marcou as falas dos homens é que qualquer das condições em que tenha vivido a transforma em Pombagira. Por qualquer rompimento com os padrões da sociedade, até mesmo quando é vítima do estupro ou do espancamento, ela é culpada e passa a ser uma Pombagira, porque a mulher é sempre a culpada, ela quem faz o homem errar, que induz o homem ao pecado, pensamento presente nas pessoas que atribuem à mulher a culpa pelas atitudes dos homens. Ela é o diabo que seduz, ela leva o homem a errar e, por isso, ela deve pagar, o que nos remete à ideia da mulher como a culpada que a imagem de Eva nos lembra, pela culpa do pecado, ou a imagem de Lilith, a outra que por não ser dócil e obediente foi associada ao mal e ao demônio.

É comum no espaço ritual, os exus referirem-se às Pombagiras como "putas" ou as próprias Pombagiras referirem-se às outras Pombagiras ou às mulheres em geral com a mesma expressão. Assim, como a palavra diabo tem um sentido muito amplo, indo até o lúdico, a palavra "puta" também tem essa flexibilidade indo do xingamento ao elogio de uma mulher valente e forte. Falar palavrões para a Pombagira é uma forma de transgressão, uma permissão dada pela condição do transe, impossibilitada na sua condição de "verdadeira mulher" a quem compete e cabe ser delicada, dócil e calada.

A gargalhada também é uma das transgressões e é importante representação da Pombagira, um sinal que anuncia a sua presença. Sua forma debochada de gargalhar assinala sua insubordinação à condição de mulher formatada, de verdadeira mulher ou de mulher decente. A regra em muitas sociedades, conforme Michele Perrot[190], era de que a mulher não deveria erguer a voz. O riso lhe era proibido. A Pombagira se apresenta rompendo com isso, gargalhando e liberando o corpo de normas que sempre pesaram sobre os corpos femininos, libertando-os do pudor e silêncio. A mulher Pombagira não precisa se submeter à construção sociocultural da feminilidade, que segundo Simone Beauvoir[191] é feita de doçura, passividade, submissão, discrição, do sempre dizer sim e nunca não. A Pombagira diz não como no ponto que ela canta para mostrar como deve se colocar a mulher: *não, não e não/eu não te quero mais/eu já disse que não/e eu não volto com a palavra atrás.* Ou quando canta expondo que a sua condição de mulher não lhe torna inferior, como se com isso dissesse às mulheres como devem se comportar: *moço eu já cansei de lhe dizer/que mais cedo ou mais tarde/isso ia acontecer/você ainda vai bater no meu portão/a toda hora implorar o meu perdão/mas eu não posso aceitar de coração/pois a mulher tem que ter opinião.*

O gestual no espaço ritual

O gestual no espaço ritual é importante, porque ele parece ensaiado. Era comum observarmos pessoas na assistência perguntando aos membros dos terreiros se eles ensaiavam para dançar. Eles respondiam que não, que tudo ia acontecendo naturalmente. Porém, observamos que embora em algumas casas não haja ensaio prévio aos rituais, o próprio cotidiano é de ensaio. Em algumas casas ouvimos os membros comentarem sobre o ensaio para os rituais. Nas casas

[190] PERROT, Michelle. "Os silêncios do corpo feminino". In: Matos, Maria Izilda S. de e Soihet, Rachel (org). *O corpo feminino em debate*. São Paulo: Unesp, 2003. p.15..
[191] BEAUVOIR, Simone, *O Segundo Sexo*. Nova Fronteira: Rio de Janeiro, s/d.

que observamos, especificamente a Casa de Clotilde de Yansã, Rita da Oxum e Roberto de Yemanjá, onde tivemos uma maior vivência com o grupo, não presenciamos a nenhum ensaio e observamos uma sincronia nos rituais, uma ordem quanto ao tempo de duração, disposição dos objetos e as músicas, mesmo sem ensaio ou roteiro.

As festas nos terreiros passam por um calendário, no entanto as atividades internas são permanentes. Elas possuem distinções, porém girar, dançar e cantar e "se manifestar", ou seja, entrar em transe fazem parte de praticamente todas as solenidades religiosas. Poderíamos dizer que a distinção está em toda uma estrutura da festa, ao mesmo tempo em que são similares.

Na festa dos Exus e Pombagiras predominam as cores vermelho e preto e na de "preto-velho", branca e preta. O ritmo dos tambores, as cantigas e todos os preparativos que antecedem a festa preparam os adeptos para aquele tipo de manifestação e apresentação. Há todo um cenário que facilita, além de ser um processo de aprendizado ao longo da vida dos participantes, o qual também se dá pela observação. Assim, os mais novos procedem olhando o que os mais antigos estão fazendo. A batida dos atabaques, as cores, os elementos utilizados dão a tônica do ritmo da festa, porém os membros das comunidades religiosas aprendem as práticas religiosas pelas cores, pelos ritmos, pelos elementos que compõem o ambiente.

Cada festa tem gestos próprios. No caso da festa de Exu e Pombagira, a manifestação do Exu acontece de maneira mais formal e densa. A postura de Exu ao comparecer por meio do transe dos adeptos é de seriedade. Os elementos utilizados pelos mesmos, as cores carregadas no preto, bebidas quentes e fortes como cachaça, uísque e conhaque, o uso do charuto, a postura um pouco curvada, os pés e mãos geralmente tensos, retorcidos que parece trazer dor, sofrimento, raiva, que emprestam ao ambiente uma seriedade.

As Pombagiras liberam o ambiente. O riso não é proibido e assim sua manifestação é anunciada pela gargalhada, que é como um sinal da sua presença, bem como o colorido das roupas, refletindo a alegria, a leveza dos movimentos na dança no girar das saias. O ritual da Pombagira é marcado pela sensualidade, pela leveza, pela alegria, pela ironia, o que não impede que as mesmas fiquem irritadas com alguma coisa e literalmente "rodem a baiana". "Rodar a baiana" tem o sentido de rodar a saia, o que significa também se rebelar-se, e as Pombagiras giram as suas saias. Marcio da Oxum nos chamou a atenção na entrevista para o significado de rodar as saias o que para ele está relacionado ao próprio nome PombaGIRA, mudar (girar) a energia, observando que elas têm essa a função de girar, transformar, colocar em movimento, o que lhe é proporcionado com graça em razão do uso de saias longas e amplamente rodadas para fazer com que o movimento de girar seja um espetáculo, o que podemos traduzir como a ideia de que no palco, no teatro, ou nos muros da cidade, a mulher é o espetáculo do homem, diz Michelle Perrot[192].

Todo o gestual do ritual da Pombagira é marcado por sensualidade, elegância, alegria, por gestos de sedução, algumas vezes caricatos por demarcar o que é e o que se imagina ser, ou talvez por estar situado naquilo que as mulheres gostariam de ser. Contudo, pelo viés que é colocado o que é e como se gostaria que fosse não provoca uma crise, mas proporciona um elo que traz realização. A mulher que não é, o é simbolicamente pela via do sobrenatural, o que lhe dá prazer, pois lhe ensina a realizar desejos.

A música ritual

A música, no ritual da Pombagira é elemento fundamental, assim como em toda estrutura da religiosidade afro-brasileira. Toda estrutura dos rituais baseia-se na música. Os "pontos", como são chamados, são reza, doutrina, e propiciam o movimento, demarcam momentos distintos, anunciam as presenças, enfim, provocam e desenvolvem o ritual.

Conforme observamos, primeiramente são saudados os exus. Após a presença dos exus homenageados com seus "pontos", a presença das Pombagiras é anunciada: *"Arreda homem que aí vem mulher/ ela é a Pombagira rainha do Candomblé/ Tranca-rua vem na frente/pra mostrar ela quem é"*. Conforme já anotamos na introdução, esse ponto é muito importante no ritual e na manifestação da Pombagira. Ele anuncia a chegada dela, o que ocorre depois dele. Ele vem na frente porque é quem fala dela, ele lhe confere seu lugar no ritual. Ele diz que ela é a rainha do candomblé, o que é muito importante enquanto identificação, no entanto ela e sua ajudante. A mulher é anunciada como rainha, mas é o homem quem vem dando-lhe espaço para se manifestar, e sobre o olhar "protetor" dele a mulher pode fumar, beber, dançar e brilhar no espaço ritual. A imagem produzida por este ponto é refletida na estética dos rituais quando o homem se coloca ao redor do círculo onde elas dançam e parece exercer o cuidado, a proteção e a fiscali-

---

[192] PERROT, Michelle. "Os silencio do corpo da mulher". In: Matos, Maria Izilda S. de e Soihet, Rachel. (org) *O corpo feminino em debate*. São Paulo: Unesp, 2003. p.14.

zação. Assim o que Pierre Bourdieu[193] chamou de ordem natural das coisas é objetivado no espaço ritual determinando o lugar dos sexos.

Uma das impressões deixadas por esse ponto é que quando entoado por homens ele traz essa conotação de "colocar um tapete vermelho" para que a mulher por sobre ele lhe satisfaça. No entanto, quando entoado em casas cuja maioria é feminina e, principalmente, a liderança é feminina a sensação é de que elas estão avisando: "saiam que vamos passar". Essa permissão masculina é natural e está inserida no que Pierre Bourdieu[194] chamou de a ordem das coisas que só é perceptível a partir da observação de um ritual dirigido por uma mulher, quando as coisas saem do lugar natural, da ordem das coisas.

Na condução masculina, lhe é conferido o lugar natural, o de ajudante. Na voz masculina que a saúda como rainha poderosa e bela, é acrescida na a mensagem de que a mulher é auxiliar do homem, uma parceira no mundo espiritual assim como no mundo material. "Vem pombagira/Vem ver quem tem chama/mulher feiticeira/Me ajuda a vencer demanda. Ou ainda: Ela deixou sua casa abandonada/ e saiu pelas estradas/em busca da perdição/ela amou o sol, ela amou a lua/na encruzilhada ela amou seu tranca ruas". Aqui a mulher é marcada por ter se rebelado, deixado o "lar". Assim, e por isso, ela se transforma em uma "perdida" que vai ter a liberdade de amar a natureza, o sol e a lua, mas perde a sua identidade, se transforma em Pombagira e cai nos braços do homem sem nome, denominado "tranca-ruas".

A música na voz masculina apresenta a Pombagira de forma glamurosa, mas marcada pela sua condição de outro, que Simone de Beauvoir[195] diz ser a condição da mulher com relação ao homem. Um outro que pode ser admirado, enfeitado, para o prazer e para a utilização do masculino que naturalmente assume a condição de protetor, cuidador e dominador, pois esse outro, a mulher, é apenas a ajudante.

No entanto, quando toma a palavra ela fala de alegria, de liberdade, de poder e escracha as construções apoderando-se de uma voz ousada e debochada para falar das relações, muitas vezes sendo também grosseira com as mulheres as quais ela conclama para serem livres, ensinando receitas para que as mulheres driblem a realidade diária de adversidades:

Ao se apossar do poder da fala, ela modifica essa condição ofertada pelo

---

[193] BOURDIEU, Pierre. *A dominação masculina*. Rio de Janeiro: Bertrand Brasil, 2005. p.17.
[194] BOURDIEU, Pierre. *A dominação masculina*. Rio de Janeiro: Bertrand Brasil, 2005. p.17.
[195] BEAUVOIR, Simone. *O Segundo Sexo*. Rio de Janeiro: Nova Fronteira, s/d.

homem de que entre para ajudá-lo, de que venha brilhar. Ela apresenta para a luta suas armas, objetos femininos como tesoura, agulhas, pequenos punhais, que lhe representam: *"Umbanda sua rainha chegou/ Umbanda mais uma estrela brilhou/ oh salve, salve a Pombagira/ que vem da encruzilhada para alegrar essa gira/ oh salve seu ponteiro de aço/ salve a sua tesoura/ que corta todo embaraço"*.

A mudança do tom é dada pela mulher quando ela assume a fala: *"Vem cá mulher/ não tema seu marido (bis) se ele é bom na faca eu sou no facão/ se ele é bom na reza eu na oração"*. Nesse sentido ela está falando com a outra, colocando as possibilidades do uso de armas na guerra dos sexos. Com esse ponto a pombagira canta para as mulheres que estão no salão chamando-as para que enfrentem seus maridos, não sejam submissas e que se coloquem com as armas que possuem.

A partir do momento em que ela passa a dominar o espaço, sob a guarda dos elementos masculinos, seu discurso é voltado para as mulheres. O elemento masculino não interfere, um respeita o espaço do outro. Ela se apresenta como uma porta voz das mais diferentes mulheres: a boa, a má, a traída, a que trai, a que sofre e a que faz sofrer, a velha e a nova, todas as "qualidades[196]" de mulher são representadas por todas as "qualidades" de Pombagira.

O que se torna interessante, é que a mulher, colocada no espaço ritual pelo homem, sob o olhar e proteção dele, faz uso do espaço como um lugar sagrado, mas que serve para dizer do seu cotidiano. Ela aceita a condição de rainha, observando-se que o canto pode ser do masculino saudando a sua chegada, ou da própria Pombagira, que se nesse momento apresenta as armas que usa. O ponteiro de aço (pequeno punhal) e a tesoura (objeto doméstico, feminino, que corta tecidos, linhas, cabelos) são elementos que se apresentam como objetos simbólicos para a solução de problemas espirituais.

Quando ela ocupa o espaço e a atenção dos presentes, estabelece o seu poder de condução pela fala, mesclando ironia, sedução e drama, e pelos pontos que, conforme já observamos, são as rezas e possuem função religiosa, mas que também falam da pombagira e das suas funções possuindo significação social e que tratam das questões de gênero como esse: "Moço eu já cansei de lhe dizer/ Que mais cedo ou mais tarde/Isso ia acontecer/Você ainda vai bater no meu portão/A toda hora implorar o meu perdão/Mas eu não posso aceitar de coração/Pois a mulher tem que ter opinião". Esse ponto é muito interessante pela sua construção, sugestiona a mulher a se conhecer, a conhecer o seu poder, aprender

---

[196] Qualidades é uma expressão usada no meio religioso para falar das diferentes Pombagiras. Assim se ela é cigana, Padilha ou Molambo, se é do fogo, da água, ou do vento, são qualidades que possuem.

a exigir o respeito ao qual tem direito. Aqui, a agulha vem marcar as suas armas. "Não mexa comigo/Que eu não mexo com ninguém/Eu sou ponta de agulha/ Quando espeto eu furo bem".

A mulher pombagira, enquanto espírito passa a exercer poder frente à figura masculina, legitimada pela sua condição sobrenatural, e, nesse sentido, sua voz vem autorizada pelo sagrado. As relações conflituosas entre os sexos, a condição de inferioridade da mulher no papel social, tudo isso se manifesta.

As pombagiras apresentam-se fortes, seguras cantam o enfrentamento ao homem. Contudo, elas se apresentam no ritual com toda a multiplicidade da categoria, manifestando-se também às revoltadas e traídas. "Eu não gosto de homem/Porque fui traída/Por isso trago um grande desgosto/Além de apanhar e chorar/Quase todos os dias/Ainda fui marcada/Bem na maçã do rosto".

Também um canto para aquelas que não são traídas, mas abandonadas e que traem: "Meu marido me deixou lá no cais do porto/me deixou com filho no braço/Me encontrou com oito/Ai, ai meu marido é um santo/Ainda me perguntou/Aonde eu amei tanto". Também aquelas que traem e são traídas: "Oh homem ingrato/Oh homem enganador/Quando eu pensava que enganava o homem/Foi o homem que me enganou".

Também aparece no ritual a mulher que está frustrada com o homem: "Não, não e não/eu não te quero mais/eu já disse que não/e eu não volto com a palavra atrás, não, não. Ou aquela que além de frustrada bebe como forma de esquecer: ando bebendo de madrugada/pelas calçadas só pra te esquecer/mas havia um ditado/que dizia minha avó/para se esquecer de alguém/tem que arranjar um novo amor".

Outra característica importante é demarcada por um canto que lembra que a Pombagira pertence ao mundo invisível, mas que ela age no mundo visível e que seu poder é sempre do enfrentamento contra a força do homem: A Pombagira é considerada um ser invisível, agindo no mundo visível. Sua interferência no mundo, na vida das pessoas é de vida e morte. O canto que fala sobre isso: "Eu procurei pombagira/procurei para encontrar/fui encontrar na encruza/depois do galo cantar/a gente mata e vai preso/a morte mata e não vai/oh pombagira malvada /porque mataste o rapaz/a gente mata e vai preso pombagira mata e não vai".

Quanto ao ponto acima, é importante desdobrar as leituras que ele oferece. Não é a mulher quem mata o homem e sim a pombagira. A pombagira significa a morte, porque ela é um espírito. O desejo da pessoa viva se materializa na pessoa morta, assim quem mata é a pombagira inalcançável para a punição, e essa morte pode ser simbólica, matar pode ser tirar do caminho, morto não fisicamente, mas moralmente, reforçando sua função de feiticeira e sua condição de espírito.

É importante observar que o enfrentamento não significa uma guerra contra o homem com discurso para destruir os homens, mas apenas se colocar como mulher, ocupando seu espaço. É comum ouvir entre os cantos a pombagira dizer: "Eu gosto de homem, mas trabalho é pras mulheres". A Pombagira é uma classe, a das mulheres, que deve ser unida. Ela canta: "Na família de Pombagira/não se mexe com mulher/é Maria farrapo/Maria molambo/Maria Padilha também é mulher". A Pombagira traz para o espaço ritual a ideia das mulheres enquanto uma classe, que deve agir politicamente. A realidade sexuada do mundo que coloca as mulheres como o outro é colocada politicamente, tratando a questão enquanto um problema de classe, o que nos remete a Pierre Bourdieu [197] de que a transformação só será possível por meio de uma ação política. Essas questões das mais variadas formas de repleta da tão propalada ambiguidade da Pombagira se apresentam no espaço ritual

Ela canta também a coragem necessária para ser mulher, para estar em locais públicos, para transgredir: "Juraram de me matar/na porta de um cabaré/lá eu ando noite ando de dia/não mata porque não quer". Essa condição de mulher exposta fora do espaço seguro da sua casa, do seu lar, que na rua estaria em perigo é aqui demarcada. É presente nas manifestações da Pombagira a sua condição de mulher fora dos padrões estabelecidos, portanto essa sua condição é geradora de ameaças. Isso nos remete ao controle familiar da ameaça de que a moça não poderia estar na rua, pois seria castigada.

A Pombagira demarca sua condição de mulher no relacionamento com as outras mulheres, vez que há entre as mesmas uma luta pelo objeto de poder, o homem: "Quem me dera cordão de ouro/quem me dera cordão de prata/pombagira na encruza é uma mestra coroada/no dia que eu me passei/foi um dia de agonia/os homens todos choravam/e as mulheres aplaudiam/e quando me viram passar/naquele negro caixão/as despeitadas diziam/descansei meu coração". Nesse caso, a mulher vai encontrar uma espécie de vingança quanto às traições masculinas e quanto à competividade com as mulheres, ou ainda quando a mulher se coloca numa condição de deboche fazendo uso de representações fortes como a palavra zona, referindo-se à "zona de prostituição" como forma de luta com as outras mulheres. Esse canto mostra a dualidade que é necessária na mulher. Aquele velho chavão de diferenciação entre a "puta" e a "dama".

---

[197] BOURDIEU, Pierre. *A dominação masculina*. Rio de Janeiro: Bertrand Brasil, 2005.

Mesmo assim, a luta pelo homem se faz presente: "Esse macho é meu e ninguém toma/quem quiser macho bonito vai buscar na "zona"". Aqui a mulher toma uma posição de quem possui o controle. Ela delimita seu terreno e não é apenas um objeto nas mãos do homem, mas indivíduo parceiro e na conquista, nos relacionamentos, não há diferença entre os sexos. Ou seja, a Pombagira se apossa de representações masculinas, daquilo que é coisa de homem.

A mulher também conquista, não age passivamente. Elementos de disputa entre as mulheres aparecem em diversos momentos. "A puta pobre/é despeitada com a rica/trabalha mulher trabalha/não inveja minha vida". Esse ponto é muito interessante, porque mostra a diferença entre as mulheres, mas também é marcado pela condição importante dada pelo trabalho, elemento que torna as mulheres independentes. Essa mesma característica aparece no canto: "A mulher pra ser boa/tem que rebolar/tem que rebolar...". Quando da execução desse canto na casa de Clotilde de Yansã a Pombagira advertia aos presentes que rebolar não era ficar balançando os quadris nas ruas, mas trabalhar. Também com relação à palavra "zona" ouvimos observações da Pombagira[198] que "zona" é um lugar e não zona do "baixo meretrício", como se induz imediatamente ao ouvir o ponto.

Isso também vem reforçar a sua dualidade e ambiguidade que estão presentes em todas as formas da sua manifestação e nos faz lembrar do cuidado que se deve ter ao analisar essas questões causadoras de diversas interpretações, o que nos remete novamente a sua ação política quanto a sua manifestação e ambiguidade quanto às formas com que se manifesta.

Nesse espaço, que ao longo do trabalho vem sendo referenciado como diversificado, híbrido, aparece também a pombagira menina: "já foi moça/foi menina/não aprendeu a fazer nada/aprendeu amarrar marido/na sua encruzilhada". A função da mulher, a sua obrigação na cultura machista e patriarcal, era a de que deveria arranjar marido. Toda sua educação era norteada para que o mais cedo possível pudesse arrumar um homem provedor. Esse ponto que parece inicialmente um elogio pode também ser uma crítica, para aquela mulher que passou a vida buscando um marido e não fez nada, além disso, mas que, por outro lado, aprendeu o que lhe seria necessário, "amarrar marido".

Fazendo jus a sua fama de ambígua e dual, a Pombagira também se apresenta de maneira transgressora comparando-se com o homem quando ela diz:

---

[198] Durante os rituais, quando as Pombagiras falam pelo processo do transe, incorporadas nos adeptos e adeptas, especificamente na casa de Clotilde de Yansã, essa expressão pelas Pombagiras foi muito utilizada. Sempre após cantarem o ponto elas faziam a observação às pessoas presentes.

"pombagira é mulher de sete maridos/cuidado com ela que ela é um perigo". Esse ponto tanto é cantado pelas pombagiras quanto pelos exus, que sempre lembram o seu poder. Apresenta uma postura masculina, onde a mulher pode ter tantos homens quantos queira, igualando-se ao homem através da sexualidade. Esse ponto nos remete a Stefania Capone[199] lembrando que a Pombagira ao se dizer mulher de sete maridos pode estar dizendo não ser de ninguém, não ser propriedade do homem, ser livre.

A mulher, enquanto Pombagira, fala das suas necessidades e da sua sensibilidade fazendo uso da bebida, do perfume, das flores, do cigarro, que representam sensualidade, segurança e poder. O cigarro é elemento masculino, não recomendado para as mulheres assim como a bebida. Beber e fumar até bem pouco tempo eram consideradas atitudes masculinas e só as mulheres públicas podiam ousar. Apossar-se dessas simbologias é afirmar-se frente ao poder do macho, mas o cigarro delas, de acordo com as condições financeiras pode ser uma cigarrilha aromatizada, um cigarro de melhor marca, como também aparece nos romantizados "rendez vous".

Discursos instituídos, cristalizados se fazem presentes: *"Homem pequeno na minha cama não dormia/servia de travesseiro pras noite que eu não saía".* Aqui a visão masculina é apropriada pela visão feminina que procura no macho o reprodutor, o dominador na figura do homem grande e forte, naquilo que Pierre Bourdieu chamou de pressão da estrutura nos dois termos da relação[200].

As Pombagiras são consideradas pelos adeptos como sendo de outro mundo, do mundo dos mortos de onde tudo se vê, e assim elas podem passar suas mensagens de uma forma que falam dos problemas desse mundo com autoridade do outro: *"Mentira, mentira sim/mentira mentira sim/tu engana as mulheres/não tente mentir pra mim/eu sou Maria Padilha/senhora da noite/rainha da encruzilhada/mentira mentiste sim".*

Sempre lembram o poder do qual elas são detentoras que é o de destruir o inimigo que quase sempre é o homem, mas que pode ser qualquer pessoa que atrapalhe o seu caminho ou das pessoas protegidas por ela: *"Tá mexendo com ela seu moço/sem saber quem é ela seu moço/não mexa com ela não/ela é pombagira e não tem coração/não mexa com ela não/ela é feiticeira/ e não tem coração".*

As ciganas, que conforme já observamos fazem parte do ritual das Pombagiras, possuem também seus pontos. Eles nos remetem ao mistério, ao belo

---

[199] CAPONE, Stefania. *A busca da África no Candomblé*. Rio de Janeiro: Pallas, 2004.
[200] BOURDIEU, Pierre. *A dominação masculina*. Rio de Janeiro: Bertrand Brasil, 2005.

e sensual. No entanto, menos libertino, conforme observou Rita da Oxum, ou ainda conforme observou o Babalorixá Roberto de Yemanjá, as ciganas estão mais ligadas às coisas do amor.

Os pontos cantados para elas e por elas remetem a essas representações de uma mulher diferente culturalmente, portanto de pouco acesso, mas desejada e envolvida nas fantasias amorosas. Os pontos dedicados às ciganas falam de coisas que representam a cultura do povo cigano e a magia atribuída a ele. Lembram barracas, estradas, alegria, amor, jogo das cartas, leitura das mãos, enfim aquilo que está associado à cultura do povo cigano. Assim: *"Cigana linda do olhar feiticeiro/ cigana das rosas vermelhas/ o seu perfume tem o feitiço/ de matar os feiticeiros/ na sua cor ela transmitiu amor/ no seu perfume a alegria de viver/ oh cigana linda/ oh linda cigana ciganinha do amor"*. Ou assim: *"No caminho do terreiro/ eu encontrei uma mulher/ vinha linda e perfumada eu quis saber quem ela/ pombagira cigana/ pombagira ela é/ ela vem caminhando ela chega girando na ponta do pé"*.

As imagens sobre as ciganas são mais românticas, talvez por isso elas sejam associadas ao amor. Sua condição de Pombagira é dada por ela mesma ao cantar: *"Amigo bem que lhe avisei/ que você não fizesse essa jogada comigo/ você jogou valete/ e eu bati com a dama/ amigo você não se engana/ ainda sou pombagira cigana"*.

O que nos parece é que as ciganas se agregam a esse mundo das Pombagiras por também serem mulheres excluídas[201]. Assim, formam, com as insubmissas, as estupradas e as abandonadas, uma classe de mulheres, a das Pombagiras, que congrega todos os tipos de mulheres, principalmente as que não conseguiram ser mulheres ideais.

---

[201] A questão entre Ciganas e Pombagiras tornou-se importante durante a pesquisa e deve ser aqui pontuada. Diferenciar ciganas de Pombagiras não é tarefa fácil. Em alguns momentos, mesmo dizendo que cigana é algo diferente de Pombagira, nossos entrevistados e entrevistadas referiam-se às Pombagiras como ciganas e às ciganas como Pombagiras. Essa questão da distinção entre ciganas e Pombagiras foi abordada nas entrevistas, até porque é perceptível nas manifestações Numa conversa informal, o Babalorixá Roberto de Yemanjá observou que as Padilhas são mais ligadas às demandas e à defesa das pessoas, enquanto as ciganas gostam mais de trabalhar para o amor. Encontramos pessoas que trabalhavam com ciganas em suas casas com jogos de cartas, leitura de mão e magias para casos de amor, e que pessoas, incapazes de procurar ou freqüentar uma casa de candomblé ou de umbanda, iam a esses lugares, acreditando que estavam em um lugar apenas místico e do bem. Isso parece dizer que a cigana é uma figura diferente, não tão perigosa como a Pombagira já imediatamente associada à religiosidade afro-brasileira e à sexualidade. É como se ao dizer que era uma cigana e não uma Pombagira, isso tornasse mais romântico, dissimulado e menos maligno. É oportuno lembrar que dentro do processo da inquisição feiticeiros e ciganos foram colocados na mesma categoria. As imagens trazidas pela participação das ciganas e das Maria Padilhas, Marias Molambos e tantas outras Marias juntas no espaço ritual não o destoam, ao contrário, parecem compô-lo. Ela é Pombagira e se diferencia da cigana, mas também ela é Pombagira e é cigana. A distinção entre as diferentes mulheres pombagiras é estética e cultural, mas o fenômeno da manifestação as une no mesmo drama: os problemas das mulheres.

Os objetos rituais

Entendemos que os objetos são fontes importantes para a apreensão das representações sociais da Pombagira. Os objetos são de grande importância para sua manifestação, sendo os elementos que as representam. Assim, se a Pombagira está presente, além da gargalhada que anuncia a sua presença, dos gestos e falas que a definem, há objetos de uso específico que tornam a sua presença, digamos, materializada, teatralizada e representada. Os seus objetos nos permitem identificá-la e colocá-la dentro de uma realidade social e associar aquele objeto a ela, o objeto se transforma na representação da Pombagira. Por exemplo, roupas vermelhas e pretas são relacionadas a ela. Enfeites exagerados como pulseiras, colares, brincos, cabelos vermelhos, unhas grandes e pintadas de vermelho são pelo senso comum associadas à Pombagira[202]. Para Denise Jodelet[203], *"representar corresponde a um ato de pensamento pelo qual um sujeito se reporta a um objeto"*. Qualquer atitude fora dos padrões, principalmente as relacionadas ao comportamento sexual e estético, pode remeter à Pombagira. Uma mulher vestida de forma exagerada, dando gargalhadas, fumando, bebendo, com grandes unhas vermelhas, poderá ser identificada com uma Pombagira. No entanto, observamos que nem sempre todas essas condições estão explicitadas na manifestação da Pombagira. Nos dias de festas específicas há um maior cuidado com as vestes e adornos, mas em algumas ocasiões a manifestação ocorre sem a necessidade de todos os preparativos. Contudo as suas funções de conselheira e suas representações de leveza, alegria e sensualidade são mantidas.

Uma das perguntas para nossos entrevistados buscava apreender os objetos utilizados para se fazer trabalhos com a Pombagira e os objetos utilizados para ela e por ela. Parece não haver uma lista exaustiva dos seus objetos e conforme observou o Doté Carlos de Togbô: *"Pombagira gosta de tudo que é bom e eu só não daria a ela aquilo que eu não goste, que eu não use"*. Ou seja, a Pombagira aceita tudo que é bom e que possa ser utilizado por ela ou no seu ritual. Geralmente seus objetos estão ligados aos objetos de uso feminino, referindo-se, portanto a tudo que uma mulher possa usar. Mesmo quando nos referimos aos objetos que parecem masculinos dos quais se apodera, como bebidas e cigarros, estes são cigarros e bebidas consideradas femininas, por exemplo: a mulher fuma cigarros mais

---

[202] Essa observação é feita em razão da observação de que qualquer mulher vestida exageradamente, ou com comportamento muito liberado é referenciada pela expressão: parece uma Pombagira.

[203] JODELET, Denise. Representações Sociais: um domínio em expansão. In: Jodelet, Denise (org). *As Representações Sociais.* Rio de Janeiro: Eduerj, 2001.

delicados, perfumados, fazem uso de cigarrilhas, piteiras etc. O homem fuma charuto, cigarros mais grosseiros. A mulher bebe martini, champagne (sidra) ou um bom vinho. O homem bebe conhaque, vodka, cachaça, wisk.

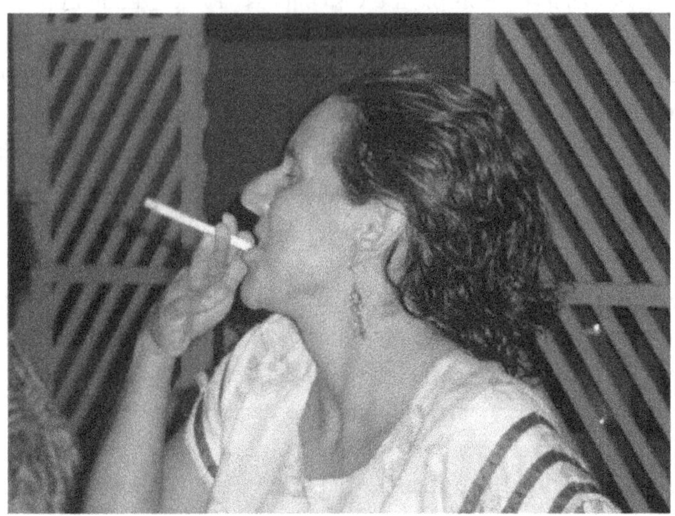

Ritual na casa do babalorixá Roberto de Yemanjá Ogunté.

Com relação à pergunta sobre os objetos, as respostas foram muito comuns. Esses objetos são sempre representativos do feminino e nos pareceu também estarem muito relacionados às preferências pessoais das mulheres, apesar de algumas negarem essa relação, fazendo questão de assinalar a distinção entre elas e suas Pombagiras. Rosas e flores foram elementos diversas vezes citado como o melhor presente para se dar a uma Pombagira.

Observamos a frequência com que as Pombagiras recebem flores nas festas, principalmente as Pombagiras das sacerdotisas das casas que possuem clientela e amigos, e o poder de solicitar isso às pessoas. Joias e bijuterias foram também muito indicadas, assim como perfumes, xales e outros objetos, sempre femininos, de enfeite ou de luxo e fetiche. O ouro, ou algo que brilhe, foi bastante citado pelos homens como sendo o presente ideal para a Pombagira ou como sendo o que ela mais gostava de ganhar. Tudo que a Pombagira usa é de bom gosto, dá-se a ela o que há de melhor. É assim que as adeptas se expressam quando perguntamos sobre os objetos da Pombagira. Depois, desfiam uma lista de objetos, tais como: flores, pulseiras, brincos, joias, bijuterias, leques, piteiras, tecidos para roupas, perfume, batom aneis, lenços, xales, arranjos para o cabelo, enfim uma lista interminável de adornos femininos.

Ritual na casa do Babalorixá Roberto de Yemanjá Ogunté.

Enfim, adornos em geral, mas o que não pode faltar é o champagne (sidra) e o cigarro. Todas fumam e bebem, mas esses objetos que nunca faltam nas festas quase não foram mencionados. Foram referenciados como material usado para se fazer trabalhos com a Pombagira ou para a Pombagira, sendo material de consumo, como se fosse desnecessário falar. Na fala do Doté Carlos de Togbô, o cigarro faz a fumaça que é elemento de descarrego e defumação. O hábito de levar champagne e cigarros à festa da Pombagira é natural, obrigatório aos membros e médiuns que incorporam a Pombagira. É também comum serem levados pelas pessoas visitantes como colaboração para o ritual.

Ao se manifestar, termo que estamos usando para falar da sua incorporação por meio do transe nas adeptas, a Pombagira utiliza objetos ligados ao que já nos referimos como suas qualidades, o que significa características de cada uma delas. Essas características estão relacionadas com os orixás ou com uma série de particularidades que fazem com que todas as Pombagiras pareçam iguais, mas sejam também ao mesmo tempo diferentes. No caso das ciganas, elas ficam muito felizes e gostam de fazer uso de leques, pandeirolas e xales.

Nas festas que observamos, as Pombagiras recebiam flores, perfumes, sandálias, bijuterias, batons, tecidos, xales, lenços, leques, piteiras, e tudo que pudesse agradar a uma mulher vaidosa. É realmente impossível elaborar uma lista dos objetos, cabendo aqui a resposta dada pelo Doté Carlos de Togbô quando lhe perguntamos o que então não se daria a Pombagira, tendo ele respondido que: *"não se dá à Pombagira aquilo que nós não gostaríamos de ganhar, aquilo de que não gostamos"*.

As vestimentas, normalmente são produzidas por costureiras da própria comunidade ou que possuem conhecimento da religião, que freqüentam e conhecem a estética necessária e fazem verdadeiros figurinos produzidos especialmente para aquela Pombagira. As roupas possuem detalhes que nos remetem a diversas culturas e os vestidos possuem detalhes que também identificam no meio religioso as particularidades da Pombagira. Assim pela vestimenta facilmente uma cigana é identificada, sendo observado que as Marias Molambos gostam do preto e do colorido, as Marias Padilhas gostam de vermelho preto e dourado. No caso da Dona Rosa Caveira, Pombagira de Clotilde de Yansã, sua cor é rosa choque o que ela afirma assim que chega ao terreiro por meio do seu ponto: *"A minha cor não é vermelho nem azul/ rosa-choque para a Pombagira/ que é Rainha de Omolu"*.

Os objetos também podem estar relacionados ao que nos foi dito ser a qualidade da Pombagira. Por isso a cigana faz uso do xale, do baralho, a Padilha pode usar leques, piteiras, o que lhe empresta identificação. Contudo, nada é rígido, sempre lembrando que a ambiguidade vai estar presente também nos detalhes, podendo uma Pombagira Molambo ou Padilha fazer uso do xale, o que pertence a outras mulheres não apenas às ciganas. Os objetos utilizados pela Pombagira estão à venda em diversas lojas. As pulseiras, brincos, anéis, xales, enfim, a variedade de adornos, que é colocada junto às roupas que lembram damas antigas e ciganas, forma um visual com todos os estilos que une o antigo e o atual.

Para receber a Pombagira, as mulheres se preparam e possuem os objetos que pertencem às Pombagiras, mas que em momento de necessidade as mulheres usam como símbolos para conseguirem algo que desejam ou para se livrarem de algo que incomoda. Um exemplo, para conseguir atrair um rapaz, a moça, pode utilizar o perfume ou o batom da Pombagira. O xale utilizado por ela também pode ser usado como proteção em momentos de dificuldades. Para afastar inveja no trabalho, pode se usar algum objeto, como anel, pulseira ou colar, da Pombagira.

Os objetos referentes às Pombagiras também nos remetem à ambiguidade, pela junção do antigo e do moderno, pela dualidade por pertencerem à Pombagira, mas também por poder ser usados em ocasiões especiais pelas próprias mulheres. Eles podem ainda ser dados de presente para pessoas queridas das Pombagiras, com o intuito de lhes dar sorte. Isso também está relacionado a um dos sentidos de representação da Pombagira, pois quem recebe o presente o utilizará como forma de apropriar-se de alguma forma da energia da Pombagira. Assim, quem usa o anel ou a pulseira estará acessando o que chamamos de energia da Pombagira, fazendo com que se remeta à sua imagem, como forma de adquirir os seus poderes ou de fazer com que seus poderes sobrenaturais possam interferir de alguma forma em sua vida. Nesse processo, também ocorre o que chamamos de apropriar-se da Pombagira, numa inversão da incorporação do espaço ritual, quando a Pombagira incorpora nas mulheres, no cotidiano são as mulheres são quem se apossam da Pombagira.

Estética dos Rituais

Além dos pontos que cantados falam durante o ritual, também existem momentos de conversa. A Pombagira atende pessoas que vão à festa especialmente para falar com ela. Quando a pessoa tem um problema específico e precisa de uma consulta, assim como os caboclos, pretos-velhos e tantas outras entidades espirituais, a Pombagira também atende com a função de dar conselhos e realizar trabalhos para atender aos desejos dos clientes e amigos. Durante o trabalho de campo, observamos que em dias de festa as Pombagiras gostam mais de dançar e beber e é quando colocam sua melhor roupa, mais enfeites pelo corpo e a preocupação é com que tudo esteja bonito, que emane luxo e alegria.

Nos rituais mais fechados, realizados especificamente para atender a clientes ou com os médiuns "trabalhos de obrigação", é quando se fazem as oferendas, com sacrifício de animais e outros elementos. Os rituais são mais densos e abertos apenas para poucos clientes e adeptos. Nessas ocasiões, as Pombagiras não se enfeitam, ou seja, seus médiuns as recebem da forma que se encontram, havendo distinção na sua postura nessas ocasiões em que se preocupam mais com a administração da casa (terreiro), com a organização da festa que será realizada ou até mesmo com problemas sérios de trabalho, saúde ou amor de algum membro da comunidade.

Em observação mais sistematizada, percebemos que normalmente, salvo especificidades, os rituais ocorrem com características muito parecidas, ao mesmo tempo em que parece haver divergências. Contudo, a observação nos levou a perceber que a direção da casa influencia na estética, havendo uma diferença marcante entre casas dirigidas por homens ou por mulheres.

Em casas com direção masculina, as moças são anunciadas de forma alegre e vibrante. Todos se preparam para a sua chegada e há um grande fascínio pelo personagem da Pombagira, que é adjetivada como rainha, feiticeira, fascinante, perigosa (contudo, mulher ajudante do homem), e conduzida pelo homem ao espaço social, nesse momento, o terreiro. Para isso, ele a classifica como secretária, coloca nessa mulher pública, que sai da sua casa para trabalhar, as características do pensamento de que mulher que trabalhava fora era apenas uma auxiliar do homem e deveria exercer essa função, a de ajudante, estando ela propensa a ser uma mulher disponível para o uso sexual. Pensamentos cristalizados de preconceito e exclusão da mulher são trazidos do espaço social para dentro do espaço religioso. Assim ele canta: "Preciso de uma secretária/eu pago bem/meu salário é dobrado/só peço a Deus/que ela seja Pombagira/ela é tão carinhosa/só gosta de homem casado".

Na voz masculina, a mulher é cantada como a auxiliar do homem, aquela que seduz, enfeita e enfeitiça e é preciso que ela seja como a Pombagira que é a outra, carinhosa e que goste de homem casado. Portanto, a Pombagira não é a esposa, a mãe, a dona de casa. Ao sair do espaço protegido do seu lar para trabalhar como ajudante do homem, ela continua sob o seu controle ali para lhe servir, não só como ajudante, mas sexualmente. No espaço doméstico, a mulher serve sexualmente e por consequência dedica-se a trabalho doméstico não remunerado. No espaço social, ela ocupa uma função remunerada, mas a sexualidade fica atrelada como se fosse obrigatória, apenas há a inversão da ordem anterior. Assim, a sua figura é relacionada às mulheres da vida, inclusive em alguns lugares o ambiente onde se desenvolve a sua manifestação lembra os cabarés pela forma com que é organizado. Em algumas casas as luzes são apagadas, fazendo com que o ambiente fique mais íntimo, mas também sombrio.

Quando elas se encontram presentes tomam conta do espaço, o que normalmente ocorre à frente dos tambores ou nos melhores espaços do lugar, muitas vezes sentam em cadeiras preparadas, como tronos lindamente enfeitados de vermelho. Ao contrário dos exus, a Pombagira possui leveza nos movimentos. Nesse sentido, poderíamos compará-las à linha do Zé Pelintra que também possui leveza nos movimentos, é simpático, mulherengo e está relacionado aos bares, jogos e bebidas O exu possui no espaço ritual uma energia densa que é transmitida pela sua aparência curvada, pelas mãos e pés engilhados e pela dificuldade da fala e do movimento.

A Pombagira chega gargalhando, vem em cores alegres, dança livre e levemente pelo salão. Às vezes, é desaforada e chega a tratar de forma rude e irônica algumas pessoas, o que faz parte do sua função de circular a energia da qual é portadora. Sua função é de rir, trazer alegria, dançar, mas ela também é portadora de uma função transformadora, assim tem o hábito de chamar a atenção dos homens que dizem elas não estão se comportando bem, homens que estão maltratando alguma mulher. Também chamam a atenção de mulheres que não se amam, não se valorizam, chamando a atenção para que elas sejam mais fortes, independentes e enfrentem os problemas da vida.

Ritual na casa da Yalorixá Clotilde de Yansã.

Em uma das casas observadas, a da Yalorixá Clotilde de Yansã, cuja maioria absoluta dos membros é de mulheres, os exus vinham logo no início do ritual. Depois de um intervalo, para que as médiuns pudessem trocar de roupa, vinham as Pombagiras e, para lhes fazer companhia, numa "energia" muito parecida com a delas, vinha o Seu Zé Pelintra. Tanto na casa da Yalorixá Clotilde de Yansã, como na casa de Rita da Oxum, a estética do ritual quanto à disposição das pessoas no espaço pode ser descritas de forma muito parecidas (fig. 03-anexo). As mulheres incorporadas ocupam o espaço destinado à cerimônia religiosa. O elemento masculino incorpora e se coloca em algum espaço no meio delas, mas são elas o centro das atenções.

Também observamos na casa da Doné Fátima de Oyá que a sua Pombagira adentrou ao salão acompanhada do Exu de um dos membros da casa. Dona

Maria Padilha frisou a importância de um homem para acompanhá-la, para fazer a segurança. Na casa de Rita da Oxum, sua Pombagira insistiu na incorporação de um rapaz por um exu para que lhe fizesse companhia, alegando não gostar de ficar sem homem. As Pombagiras só trabalhavam sozinhas em casos específicos de trabalho espiritual para atendimentos individuais ou quando atendem em condições especiais. Por ocasião das festas o ritual oferece uma estética mais ampla e diversificada, com os papéis sociais representados no espaço ritual.

A diferença do ritual dirigido por homem ou por mulher

Essa questão foi levantada no decorrer do trabalho de pesquisa. Percebemos que havia diferenças entre o ritual dirigido por homem e o dirigido por mulher. Por esta razão fizemos observações em mais de uma casa com direção masculina. Inicialmente o projeto previa a observação de quatro casas, das quais três tinham direção feminina e uma masculina. Assim, observamos três casas com direção feminina e duas com direção masculina.

As disposições dos rituais nas casas masculinas obedeceram a ordens que nos pareceram muito assemelhada, muito embora a casa do Dote Paulo tenha suas raízes no Estado do Pará e a do babalorixá Roberto Athayde, na Paraíba. Na casa do Babalorixá Roberto Athayde, os exus permaneciam sentados, enquanto as Pombagiras ficavam dançando, bebendo e conversando, o que também ocorreu na casa do Doté Beto de Bessém. O elemento masculino, ali representado pelo Exu, nas duas casas assumiu o controle do ritual. Também nos pareceu que nas casas chefiadas por sacerdotes que se reconhecem como homens as mulheres passam por um maior cuidado (controle). Chegamos a essas conclusões pela observação da disposição de homens e mulheres durante os rituais. Nas casas dirigidas por sacerdotes os seus exus possuem mais popularidade, conduzem o ritual. As Pombagiras são mimadas, paparicadas, cantadas, mas em poucos momentos tem acesso à palavra.

Nas casas chefiadas por sacerdotisas, a presença das Pombagiras nos pareceu mais livre. Isso com relação ao movimento do espaço e ao linguajar e até mesmo com relação às roupas e à bebida. Nos espaços liderados por homens, as Pombagiras apresentavam-se de forma mais discreta, eram o tempo todo paparicadas e cuidadas pelo elemento masculino. No entanto, nas casas lideradas por mulheres elas tinham uma maior liberdade de circular no espaço, conversar, beber. Porém, a questão mais importante recai sobre a liberdade e a possibilidade de usar a palavra, que nas casas com liderança feminina é utilizada pela Pombagira para tomar decisões e atender aos clientes. Conforme observações de Rita da Oxum e da Doné Fátima de Oyá as Pombagiras são responsáveis pela clientela e pela manutenção da casa, o que significa que elas trazem os clientes, os atendem e angariam dinheiro para que a casa realize festas e outras atividades necessárias. Essa é uma questão importante e que pudemos perceber em praticamente todas as falas das mulheres: a Pombagira como provedora, assim como a mulher é líder naquele grupo religioso. No caso dos líderes masculinos estes possuem exus e caboclos responsáveis pelo atendimento aos clientes, o que significa que nesses casos uma entidade masculina é a provedora.

Para ilustrar o que visualizamos, nos remetemos ao diagrama em anexo (p. 119). Nele apresentamos as diferentes formas de distribuição das pessoas dentro do ritual (fig. 01, 02 e 03). Como diferença, estamos falando da disposição das pessoas quando em transe o que realça naturalizações das relações de gênero. Exu ao incorporar, independentemente se em corpo masculino ou feminino, o incorporador assume uma postura séria, densa e protetora do feminino. No corpo masculino, a Pombagira assumirá a leveza, a alegria e agirá como mulher. Nesse sentido apresentamos algumas imagens na narrativa fotográfica em anexo.

A manifestação no espaço público e a manifestação no espaço privado: as relações das mulheres com as pombagiras no cotidiano

Pelo que entendemos nas entrevistas e observações, há duas formas de interagir com a Pombagira. Uma se dá por meio do transe quando a Pombagira enquanto espírito "incorpora" na pessoa. Também nos pareceu que no cotidiano, por um processo inverso, a mulheres se apoderam do que elas chamam de "energia" da Pombagira, o que se caracteriza pela utilização dos ensinamentos e de objetos dela para realizar desejos. Há uma diferença entre a manifestação no cotidiano e espaço público, onde normalmente as Pombagiras são vistas de forma mais dramática e teatral. No cotidiano as mulheres se relacionam como uma divindade na qual têm fé, que fala com elas no ritual e que permite que elas falem no cotidiano.

No cotidiano, elas se apossam da força transmitida pela Pombagira, que faz com que acreditem que podem ter características da entidade, como a coragem, a alegria e a sensualidade, para fazer disso uma forma de melhor enfrentar seus problemas. Se a Pombagira é uma lutadora, ela vai fazer com que a mulher que a possui também o seja. Assim no cotidiano das mulheres, elas utilizam o que Michel de Certeau[204] chamou de *a arte de fazer* como uma forma de resistência para fugir aos controles do sistema. Deste modo, a manifestação da Pombagira proporciona às mulheres a forma de exercer poder, o que Foucault chamou de *"exercer poder em espaços criados por meio de estratégias"*[205]. A Pombagira, usa de estratégias, ou melhor, ela e uma estratégia que permite às mulheres legitimar desejos, criar mecanismos para o exercício do poder.

A maneira como a Pombagira se coloca no espaço ritual traz uma perspectiva interessante ao demonstrar pela sua manifestação a discussão da sexualidade, promovendo a intensificação dos desejos e permitindo que o corpo seja utilizado em proveito da alma[206]. Não podemos deixar de lembrar que a ambiguidade marcará todo o processo porque elas interagem com algo que lhes "bota para cima", como observou Fátima de Oyá, mas que também pode fazer com que caiam, andem para trás na vida. Isso significa que haver desequilíbrio em suas vidas pode ser creditado à sua Pombagira, que pode estar zangada por alguma falha da pessoa para com ela ou por alguma falta grave cometida de alguma forma na em sua vida contra si própria ou contra alguém. Assim, a Pombagira é como se fosse uma outra voz, mas que parte de dentro das próprias mulheres. Ela representa vozes de tantas mulheres que faz com o movimento de suas saias o girar do mundo.

De forma prática, portanto, arrancar da mulher a sua Pombagira é arrancar dela a capacidade de se nortear, de se mandar de possuir poderes. A Pombagira, pela fala das nossas entrevistadas, podemos dizer é a mulher de dentro da mulher que não pode ser mandada que não é controlada e que por isso representa a desorganização da ordem instituída no mundo dos homens. Por isso, ela precisa ser controlada, extirpada como forma de controle de corpos marcados biologicamente.

---

[204] CERTEAU, Michel. *A Invenção do Cotidiano.* V. 1, Petrópolis: Vozes, 2005.
[205] FOUCAULT, Michel. *História da Sexualidade.* Vol. 1. A Vontade de Saber. Rio de Janeiro: Graal, 1998. p 32.
[206] FOUCAULT, Michel. *Microfísica do Poder.* Rio de Janeiro: Graal, 1998.

Conclusão
A pombagira é uma mulher

Como conclusão, tecemos alguns comentários que fazem parte do que apreendemos durante o trabalho de campo e convivência com o objeto de pesquisa. No início do trabalho perguntamos Pombagira: quem é essa mulher? *"A Pombagira é uma mulher como nós, que gosta de tudo que é bom"*. Foi assim que Maria Otilia de Omolú nos definiu a Pombagira. Isso parece responder a nossa indagação inicial e traduzir o que as entrevistas nos sinalizaram: a Pombagira ultrapassa o conceito de mulher "formatada" pela sociedade, a qual Simone de Beauvoir[207] chamou de "verdadeira mulher". *"Uma mulher como nós"*, mas *"que gosta de tudo que é bom"*, é o outro lado, o do desejo, o do ideal. Quando Rita da Oxum diz que ela manifesta e revela *"o oculto, o que está escondido"*, e nesse sentido está falando desse *"tudo que é bom"*.

Rita da Oxum falou ainda sobre a Pombagira como propiciadora do conhecimento e que seu papel é o de realizar os desejos, principalmente os ligados à sexualidade. Essa sem dúvida é sua função principal, falar sobre sexo para fazer o sexo acontecer, o que a torna mal interpretada por exercer uma função envolta em preconceitos, hipocrisias e desconhecimento. Isso é o que a faz relacionada

---

[207] BEAUVOIR, Simone. *O Segundo Sexo.* Rio de Janeiro: Nova Fronteira, s/d.

ao mal, um mal que faz parte dos desejos proibidos e que precisam ser controlados.

À Pombagira, tratada como ambígua, dual, exótica e sobrenatural, foi dada uma leitura em que tínhamos como por hipótese que sua figura estaria relacionada a estruturas culturais muito complexas, e essa relação dificultava o entendimento sobre ela, o que definimos como híbrida. Pelas suas funções relacionadas à sexualidade é remetida ao mal, o que é a causa dos preconceitos relacionados à sua figura. Essas questões nos pareceram contempladas nas respostas. A sua característica híbrida, pode ser definida pela sua formação cultural, mas também pela sua *"performance"* cabível em qualquer corpo, seja masculino ou feminino, "feio" ou "bonito", "velho" ou "novo" e pode ser relacionada com deusas ou feiticeiras.

Se a Pombagira, conforme os entrevistados e entrevistadas afirmam, é o espírito de mulheres que viveram aqui na terra em algum tempo ou lugar, e que na condição de mortas, manifestam-se por meio do processo de transe, ela é uma mulher. Por este viés, a sua manifestação nos permitiu perceber diversas construções sociais das relações de gênero ali representadas encobertas pela religião.

Apesar do nosso receio de nos colocarmos como religiosa e fazermos uma defesa da figura da Pombagira, no decorrer do texto buscamos apresentá-la como uma figura que ajuda a romper com os conflitos de gênero, particularmente no que se refere à sexualidade, o trabalho e as violências cotidianas. Ao longo do trabalho de campo e no contato com os nossos entrevistados e entrevistadas, pudemos perceber a construção da Pombagira e como ela, por suas funções, é um dinamizador social e sexual. Entender a sua manifestação como uma construção social pode nos permitir frestas para entendermos questões que vêm sendo apontadas nos estudos de gênero e religião, os quais Sandra Duarte de Souza[208] chama de redefinição das identidades de gênero, cujo entendimento dá-se pela compreensão das relações de gênero como uma categoria para estudo. Por isso, a Pombagira é apresentada dentro do contexto do ritual onde ela se manifesta relacionada ao exu, seu masculino e onde foi possível perceber que a manifestação dos mesmos é marcada pelas relações de gênero presentes na sociedade.

A Pombagira é remetida à mulher sem juízo e sem dono em razão da sua liberdade, descomprometimento com regras e normas sociais. Exibe uma performance de salões de festas ou cabarés. Por isso também é idealizada na

---

[208] SOUZA, Sandra Duarte. *Gênero e Religião no Brasil: ensaios feministas.* São Bernardo do Campo: Umesp, 2006, p. 7/10

fantasia masculina e feminina, porque é lúdica. Tanto na forma de se apresentar, irreverente, como nas suas representações nuas e sedutoras, a Pombagira é uma mulher que foge aos padrões "formatados". Associada aos maus costumes, à prostituição, ao desregramento moral, relacionada ao pecado e ao anti-modelo de mulher torna-se desaconselhável às mulheres que se relacionem com ela. Por outro lado, seduz, ao exibir sua função sensualizadora, libertadora, alegre, de beleza e poder.

A Pombagira é marcada pela dualidade e ambiguidade referenciadas por autores religiosos e cientistas sociais, o que foi também perceptível nas observações e nas entrevistas. A ambiguidade é observada em todas as esferas do fenômeno da Pombagira. Na sua estética, suas falas e nos discursos proferidos sobre ela. Seja quando ela se coloca a favor e contra os homens e também a favor e contra as mulheres. Outra ambiguidade presente é o discurso de liberdade e independência da mulher, ao mesmo tempo em que busca no homem seu amparo e proteção. Assim como a forma com que é percebida pelos pesquisadores, é passada pelos escritos dos religiosos e manifestada na fala dos entrevistados e entrevistadas, que a definem como de luz, de bondade, maravilhosa, mas com quem se deve tomar cuidado porque é perigosa.

As ambiguidades se fazem presentes inclusive quando entrevistados e entrevistadas se referiam aos objetos e presentes preferidos pela Pombagira. Nossa pergunta referia-se a algo que fosse o melhor presente para se dar à ela e tivemos como maior parte das respostas, joias e rosas. Assim também encontramos a ambiguidade diante dessa dualidade, nas quais estão presente as flores, das mulheres românticas e as joias como uma referência ao ouro que pode ser mimo e enfeite, mas que é posse e poder.

A Pombagira é ambígua porque ao mesmo tempo em que parece subverter a ordem e propiciar transformações, reforça as naturalizações. É ambígua porque é a favor das mulheres, que mudem de vida, que lutem pela independência e se libertem da opressão masculina, ao mesmo tempo, as orienta a lutar pelo homem provedor. É ambígua porque luta pelas mulheres para se libertarem dos homens ao mesmo tempo em que estimula a luta de umas contra as outras pelo homem. É ambígua porque tem sua origem relacionada à cultura afro, quando se apresenta ocidental e oriental. É ambígua porque manifesta e representa o bem e o mal; porque cabe no corpo masculino e feminino. Ela rompe com as construções estéticas e temporais fazendo um amálgama, transformando a mulher velha em nova, a nova em velha, todas belas simbolicamente, mas reforçadas pelos adornos do fazer-se bela, construídos e reproduzidos socialmente. A Pombagira é ambígua porque ambígua é a mulher e seu papel social.

A Pombagira sofre uma carga de preconceitos porque rompe com representações e construções do corpo feminino e propicia brechas para proporcionar transformações na cristalizada dependência feminina. Na condição de Pombagira, as mulheres articulam posições para discutir suas relações com os homens. No entanto, essas articulações passam pela reprodução dos saberes naturalizados, e isso também implica na tão falada ambiguidade que aparece em todos os momentos da manifestação do fenômeno da Pombagira e que se dá pela sua postura e discurso de subversiva e por sua postura de mantenedora de tradições.

Por outro viés, aquilo que pode assemelhar num primeiro momento à libertinagem é também utilizado como manipulador de regras, de acordo com a capacidade e conhecimento dos dois pólos: quem está incorporando com a Pombagira e quem está interagindo na condição de cliente. Como cada um pensa e se relaciona com o mundo, de forma diferente pode interferir na estética e nos resultados.

Sua figura é representada pela beleza, pela sensualidade, pelas coisas materiais. Ela vem da morte e é ambígua porque é morta, mas viva porque pode ser essa outra voz que fala pelas mulheres de um outro mundo que ficou no passado e dialogam com o presente aflorando no seu discurso os tantos de tempos e lugares em que se apresenta, conforme diz Homi Bhabha[209] de forma agonística.

No espaço ritual, não há como não observar que há uma preocupação das mulheres, mesmo daquelas que se dizem sem vaidade, de que a sua Pombagira se apresente muito bonita, bem vestida e cheia de adornos, que representem mulheres de luxo e posses. No contexto do ritual as mulheres, representadas por elas discutem problemas sentimentais, fazendo uma troca de papéis sociais, quando a Pombagira atende a advogada, para brigar pelos seus direitos sentimentais ou para ajudá-la a ter mais clientes e ganhar mais dinheiro. Identificam-se ao falar da condição subalterna da mulher, vinculada à busca do homem provedor ou protetor, e da necessidade de libertação.

As falas utilizadas pela Pombagira tratados no processo de transe são caracterizadas pela rebeldia, com os quais as mulheres se debatem, mas que não conseguem por em prática por razões culturais e mecanismos de controle, como família e a Igreja. A Pombagira na condição de entidade espiritual traz a aura de sagrada, vem do outro mundo, por meio do transe dá conselhos às mulheres e ajuda na solução dos seus problemas cotidianos, legitimando tanto para as mu-

---

[209] BHABHA, Homi K. *O local da cultura.* Belo Horizonte: UFMG, 2003, p.216.

lheres como para os homens questões com as quais encontram dificuldades em solucionar no cotidiano. A Pombagira age como conselheira, se coloca como auxiliadora espiritual, mas também transfere a responsabilidade para as próprias mulheres que precisam agir, sob seu comando, sob a sua influência, apoderando-se da energia dela emanada.

As Pombagiras vivem em diversos lugares. Entre eles a praia, símbolo da liberdade da sensualidade, da alegria e felicidade. Também vivem nas estradas porque são caminhos, nos cemitérios, para lembrar que são mortas. Podem também viver em bares e cabarés, mas o lugar principal da sua saudação é a encruzilhada[210], que são caminhos que abrem possibilidades de direções. As Pombagiras, junto com os Exus são saudados nas encruzilhadas, lugares em que se cruzam dois caminhos abrindo quatro possibilidades, mas elas possuem como específica a encruzilhada em T, aquela que abre apenas três caminhos. A encruzilhada em T possui uma opção a menos que a específica do homem. Portanto nos parece que ela está diferenciada, por possuir seu lugar específico no mundo, assinalado com menos possibilidades.

A Pombagira, da forma como se apresenta nos rituais, fala dos lugares de poder por um caminho de enfrentamento ao sexo oposto. Fala dos sofrimentos característicos das mulheres submissas ao homem, colocando-a na condição de sujeito, portadora de poder de condução e decisão. É importante lembrar sempre da diversidade, dos comportamentos femininos e das *brechas* que foram sendo criadas e que nos possibilitam vislumbrar as posições das mulheres sobre a sexualidade, que é o principal canal por onde passam as discussões de gênero. E nesse sentido, a Pombagira nos parece uma brecha para as mulheres, pois por meio da sua manifestação permite às mulheres que se coloquem como poderosas e por isso, maravilhosas.

Na Pombagira podemos ver refletida a mulher idealizada por Virginia Wolf[211], aquela que se opõe à imagem angelical e obediente de Eva, exemplo de mulher formatada, ideal e "verdadeira" que precisa arrancar o anjo de dentro de si. A Pombagira não é angelical, ela é sim associada ao demônio pela sua insubmissão, por ser indomesticável e sem juízo. Podemos dizer que na pombagira está refletida a Lilith, a mulher ousada e desobediente caracterizada pelo mal, que

---

[210] Na religiosidade afro-brasileira as entidades espirituais possuem moradas ou locais considerados seus. Assim Yemanjá é a dona do mar, Oxossi é o dono das matas. Os Exus são donos das encruzilhadas onde atuam com as Pombagiras que são suas companheiras. No entanto, dedica-se a Pombagira a encruzilhada em T ou em Y, como sendo especialmente suas e onde recebem oferendas e pedidos.

[211] WOLF, Virginia. *O Status Intelectual da Mulher*. São Paulo: Paz e Terra, 1997.

assim como o da Pombagira relaciona-se com a sexualidade e a desobediência ao poder masculino.

A Pombagira pode ser definida como uma válvula de escape social. Um artifício formado dentro das religiões oriundas da religiosidade afro, ou das religiosidades populares, englobando aqui diversos modelos religiosos de grupos excluídos, claro, centrados em outras figuras com as quais se pode relacionar a Pombagira em outros modelos religiosos de diversos tempos, lugares e culturas e que permitiram a formação da Pombagira, esta figura híbrida que se apresenta das mais variadas formas e pode ser amoldada de acordo com os saberes, condições e necessidades, culturas e lugares.

Quanto à sua origem e construção, a Pombagira nos pareceu superar a construção de uma entidade da religiosidade afro-brasileira, e se apresenta como uma personagem que extrapola esse ambiente apresentando-se hibridizada[212], composta de diversos elementos culturais, amoldada dentro dos processos de contato das diferentes culturas por haver elementos similares entre elas. Assim a Pombagira se transforma numa construção cultural[213] e ainda pertencente a vários mundos, o material e o espiritual.

Talvez seja essa a chave para entender a Pombagira enquanto fenômeno social. As suas funções são explicitamente sexualizadoras e foram construídas numa complexa cadeia cultural recriadas, adaptadas, amoldadas, transformadas e moldadas num processo de bricolagem, no qual as individualidades são inseridas em um processo que criou uma rede de definições instalada na resistência das mulheres.

---

[212] CANCLINI, Nestor. *Culturas Híbridas*. São Paulo, Edusp. 2006.
[213] GEERTZ, Clifford. *Interpretação das Culturas*. Rio de Janeiro, LTC, 1989.

BIBLIOGRAFIA

AMARAL, Rita. Xiré: O Modo de Ser e Crer no Candomblé. Rio de Janeiro/São Paulo, Pallas/Educ, 2002.

AUGRAS, Monique. De Yiá Mi a Pomba Gira: Transformações e símbolos da libido. In: MOURA, Carlos Eugenio Marcondes de (org) Meu sinal está no teu corpo. São Paulo, Edicon/Edusp, 1989.p. 14/33.

__________. O Duplo e a Metamorfose: A identidade mítica em comunidade nagô. Petrópolis, Vozes, 1983.

BASTIDE, Roger. As religiões Africanas no Brasil. São Paulo, Pioneira, 1971.

__________. O Sagrado Selvagem. São Paulo, Companhia das Letras, 2006.

BEAUVOIR, Simone. O Segundo Sexo. Rio de Janeiro, Editora Nova Fronteira, s/d.

BERNARDO, Terezinha. O Candomblé e o Poder Feminino. Revista de Estudos da Religião – REVER n.2, PUCSP, 2005. http://www.pucsp.br/rever.

__________. A Mulher no Candomblé e na Umbanda. Dissertação de Mestrado, PUCSP, São Paulo, 1986.

__________. Negras Mulheres e Mães. Rio de Janeiro, Pallas, 2003.

BHABHA, Homi K. O Local da Cultura. Belo Horizonte, Editora da UFMG, 2003.

BIRMAN, Patrícia. O que é Umbanda. São Paulo: Abril Cultural/Editora Brasiliense, 1985.

__________. Fazer Estilo Criando Gêneros. Rio de Janeiro, Relume Dumará e Eduerj, 1995.

BOURDIEU, Pierre. A Economia das Trocas Simbólicas. São Paulo, Perspectiva, 2004.

__________. A Dominação Masculina. Bertrand Brasil. Rio de Janeiro, 2005.

__________. O Poder Simbólico. Bertrand Brasil, Rio de Janeiro, 2005.

BURKE, Peter. Hibridismo Cultural. São Leopoldo-RS, Editora Unisinos, 2003.

CACCIATORE, Olga Gudolle. Dicionário de Cultos Afro-Brasileiros. Rio de Janeiro, Forense Universitária, 1988.

CANCLINI, Nestor Garcia. Culturas Híbridas. São Paulo, Edusp, 2006.

CAPONE, Stefania, A busca da África no Candomblé. Rio de Janeiro, Pallas, 2004.

CASTRO, Yeda Pessoa de. Falares Africanos na Bahia. Rio de Janeiro, Topbooks Editora, 2005.

DE CERTEAU, Michel. A Invenção do Cotidiano. Vol. 1 e 2. Petrópolis, Vozes, 2005.

DEL PRIORI, Mary. Corpo a corpo com a mulher. São Paulo, Editora Senac, 2000.

DURKHEIM, Émile. As Formas Elementares da Vida Religiosa. São Paulo, Martins Fontes, 2000.

ECO, Umberto. Interpretação e Superinterpretação. São Paulo, Martins Fontes, 1992.

ELIADE, Mircea. Imagens e Símbolos. São Paulo, Martins Fontes, 1991.

FARR, Robert M. Representações Sociais: a teoria e sua História. In: GUARESCHI, Pedrinho e JOVCHELOVITCH, Sandra. (org). Textos em Representações Sociais. Petrópolis, Vozes, 1995.

FERRETTI, Sérgio Figueiredo. Repensando o Sincretismo. São Paulo, Edusp/Fapema, 1995.

FOUCAULT, Michel. História da Sexualidade I: A vontade de saber. Rio de Janeiro, Graal, 1988.

__________. Vigiar e Punir. Petrópolis, Vozes, 2001.

__________. Microfísica do Poder. Rio de Janeiro, Graal, 1998.

GEERTZ, Clifford. A Interpretação das Culturas. Rio de Janeiro, LTC, 1989.

GUARESCHI, Pedrinho. JOVCHELOVITCH, Sandra. (org) Textos em Representações Sociais. Petrópolis, Vozes, 1995.

HALBWACHS, Maurice. A Memória Coletiva. São Paulo, Centauro Editora, 2004.

HARDING, Sandra. A instabilidade das categorias analíticas na teoria feminista. Estudos Feministas. Rio de Janeiro, CIEC/ECO/UFJR, v. 1, n. 1, 1993, p. 7-32.

JODELET, Denise. Representações Sociais: um domínio em expansão. In: Jodelet, Denise (org). As Representações Sociais. Rio de Janeiro, EdUERJ, 2001.

JOVCHELOVITCH, Sandra. Vivendo a vida com os outros: intersubjetividade, espaço público e representações sociais. In: GUARESCHI, Pedrinho e JOVCHELOVITCH. (org) Textos em Representações Sociais. Petrópolis, Vozes, 1995.

LAGES, Sônia Regina Corrêa. Entre Iracema e a Pombagira Maria Padilha – a trajetória criativa da psyque. www. metodista. Netmal In revista/01. acessado em 24.03.2007.

LANDES, Ruth. A Cidade das Mulheres. Rio de Janeiro, EdUFRJ, 2002.

LIMA, Marta Valéria. História e Estrutura Ritual de um terreiro gege-nagô em Porto Velho-RO. http://www.primeiraversao.unir.br/artigo112.html. Acessado em 13.06.2007.

LODY, Raul. Candomblé: Religião e Resistência Cultural. São Paulo: Ática, 1987.

MAGGIE, Yvonne. Guerra de Orixá. Rio de Janeiro, Jorge Zahar, 2001.

MARTELLI, Stefano. A religião na sociedade pós-moderna. São Paulo, Paulinas, 1995.

MEYER, Marlyse. Maria Padilha e Toda sua Quadrilha. São Paulo: Duas Cidades, 1993.

MINAYO, Maria Cecília de Souza. (org) Pesquisa Social. Petrópolis, Vozes, 2004.

__________. O conceito de representações sociais dentro da Sociologia Clássica. In: GUARESCHI, Pedrinho e JOVCHELOVITCH, Sandra (org). Textos em Representações Sociais. Petrópolis, Vozes, 1995.

MOURA, Carlos Eugênio Marcondes. (org.) Meu Sinal Está no Teu Corpo: Escritos Sobre a Religião dos Orixás. São Paulo: Edicon/Edusp, 1989.

NEGRÃO, Lisias. Entre a cruz e a encruzilhada. São Paulo, Edusp, 1996.

NUNES, Maria José Rosado. Gênero e Experiência Religiosa das Mulheres. In: Corporeidade, etnia e masculinidade. (org) MUSSKOPF André S. e STROHER Marga J.. São Leopoldo, Sinodal, 2005, p. 13/28.

PAIS, Jose Machado. Vida Cotidiana: enigmas e revelações. São Paulo, Cortez, 2003.

PAZ, Octavio. La Otra Voz. Barcelona, Editora Seix Barral, 1990.

PEIRANO, Mariza. Rituais ontem e hoje. Rio de Janeiro Paulo, Jorge Zahar Editor, 2003.

PEREIRA, Nancy Cardoso. Malditas, Gozosas e Devotas. Mulher e Religião. Mandrágora, n. 03, São Bernardo do Campo. Umesp, 1996.

PERROT, Michelle. Os Silêncios do Corpo da Mulher. In: Maria Izilda S. de Matos e Rachel Soihet (org.) O Corpo Feminino em Debate.. São Paulo, Unesp, 2003.

__________. Mulheres Públicas. São Paulo, Unesp, 1998.

__________. As mulheres ou os silêncios da História. Bauru, Edusc, 2005.

PINTO, Céli Regina Jardim. Uma História do Feminismo no Brasil. São Paulo, Fundação Perseu Abramo, 2003.

PIMENTEL, Fernanda da Silva. Psiquê nos Domínios do Demônio – um olhar sobre a relação entre exorcismo e cura em um grupo de mulheres fiéis da Igreja Universal do Reino de Deus. In: REVER, n. 2, PUCSP, ano 5, 2005. http://www.pucsp.br/rever/rv2_2005/

PRANDI, Reginaldo. Pombagira: as faces inconfessas do Brasil. In: Herdeiras do Axé. São Paulo, Hucitec, 1996.

__________. Segredos Guardados. São Paulo, Companhia das Letras, 2005.

__________. Religião paga, conversão e serviço. In: Novos Estudos n. 45, p. 58/64, 1996.

__________. Exu, de Mensageiro a Diabo. Sincretismo Católico e Demonização do Orixá Exu. In: Dossiê Revista Cinqüenta, n. 50, pp. 46-63, jun.-ago./01.

RAGO, Margareth. Ser Mulher no Século XXI. In: VENTURI, Gustavo; RECA-MAN Marisol; e OLIVEIRA Suely (org) A Mulher Brasileira nos espaços públicos e privados. São Paulo, Editora Perseu Abramo, 2004.

REIS, Alcides Manoel dos. Candomblé: a Panela do Segredo. São Paulo, Mandarim, 2000.

RODRIGUES, Nina. Os Africanos no Brasil. Brasília, UNB, 2004.

SÁ, Celso Pereira. A Construção do Objeto de Pesquisa em Representações Sociais. Rio de Janeiro, Eduerj, 1998.

SÁ, Celso Pereira de. Representações Sociais: o conceito e o estado atual da teoria. In: Mary Jane Spink. (org) O Conhecimento no Cotidiano. São Paulo, Brasiliense, 2004, p. 21.

SAMPAIO, Tânia Mara Vieira. Gênero e religião – no espaço da produção do conhecimento: corporeidade sob o prisma do gênero da etnia e classe. In: (org). Corporeidade, Etnia e Masculinidade. São Leopoldo, Sinodal, 2005.

SANTOS, Joana Elbeien, Os nagô e a morte. Petrópolis, Vozes, 1986.

SCOTT, Joan. História das Mulheres. In: Peter Burke (org) A Escrita da História. São Paulo, Unesp, 1992.

__________. Gênero: uma categoria útil para análise histórica. In: Educação e Realidade. Porto Alegre, 16(2):5-22, JUL/DEZ, 1990.

SEGATO, Laura. Santos e Daimones. Brasília, UNB, 1995.

SOUZA, Sandra Duarte de. Entrecruzamento Gênero e Religião: um Desafio para os Estudos Feministas. Mandrágora, n. 7/8, Umesp, São Paulo, 2001/2002.

__________. (org) Gênero e Religião no Brasil: ensaios feministas. São Bernardo do Campo, UMESP, 2006.

SPINK, Mary Jane. (org) O Conhecimento no Cotidiano. São Paulo, Brasiliense, 2004.

TERRIN, Aldo Natale. O Rito: antropologia e fenomenologia da ritualidade. São Paulo, Paulus, 2004.

WOLF, Naomi. O Mito da Beleza. Como as imagens de beleza são usadas contra as mulheres. Rio de Janeiro, Racco, 1992.

WOLF, Virginia. O Status Intelectual da Mulher. São Paulo, Paz e Terra, 1997.

VILHENA, Maria Ângela. Ritos: expressões e propriedades. São Paulo, Paulinas, 2005.

FONTES PRIMÁRIAS

ALKIMIN, Zaydan. **O Livro Vermelho da Pomba-Gira**. Rio de Janeiro, Pallas, 1991.

SEIMAM HAMISER YÊ Mestre (espírito) **O Livro de exu: o mistério revelado.** Psicografado por Rubens Saraceni. São Paulo, Cristális Editora, 1999.

MOLINA, N. A. **Sarava Pomba Gira**. Rio de Janeiro, Espiritualista, s.d.

TEIXEIRA NETO, Antonio Alves. **A Magia e os Encantos da Pomba Gira**. Rio de Janeiro, Eco, s/d.

OMOLUBÁ, Babalorixá. **Maria Molambo na Sombra e na Luz**. Rio de Janeiro, Pallas, 1990.

SITES CONSULTADOS

http://geocities.com/olisasa20001/Pombagira.htm, acessado em 25.08.2006.

http://geocities.com/olisasa20001/index.htm, acessado em 25.08.2006.

http://www.umbandavirtual.byhost.com.br/consulta.php?id=389, acessado em 20.10.2006.

http://pt.wikipedia.org/wiki/Mar%C3%ADa_Lionza.

http://br.geocities.com/olisasa20001/o-culto.htm.

http://www.exupombagira.com.br/. Acessado em 17.02. 2007

http://istoe.terra.com.br/planetadinamica/altar/site/lista_altar_pub2.asp?id_user=72371&id_altar=76860. Acessado em 18.02.2007.

http://www.riodasostras.com.br/fernandokhouri/quemepombagira.htm.Acessado em 22.01.2007.

http://www.exupombagira.com.br/. Acessado em 17.02.2007.

http://istoe.terra.com.br/planetadinamica/altar/site/lista_altar_pub2.asp?id_user=72371&id_altar=76860. Acessado em 18.02.2007.

http://geocities.com/olisasa20001/index.htm. Acessado em 25.08.2006; www.umbandavirtual.byhost.com.br/consulta.php?id=389, acessado em 22.10.2006.

www.orkut.com/Community.aspx?am= 21035617.

www.orkut.com/Community.aspx?am= 22047739.

www.orkut.com/Community.aspx?am= 5998455.

ANEXOS

Relação e pequena biografia dos nossos entrevistados e entrevistadas

Babalorixá ROBERTO DE YEMANJÁ

Sacerdote há 40 anos e dirigente do Ilê Axê de Yemanjá Ogunté. É paraibano, possui 54 anos de idade, é branco e separado. Vive em Rondônia desde 1980 para onde transferiu seu terreiro que funcionava desde o ano de 1970 em João Pessoa – PB. Sua casa pertence à nação Nagô. Também nessa casa se cultua a Jurema, tradição religiosa que surgiu no Nordeste e que é o resultado do encontro do catolicismo popular e da religiosidade afro com a indígena. Trabalha com o Exu Capa Preta, com o mestre Zé Pelintra e esporadicamente recebe a mestra Paulina ou a Maria Padilha. Foram realizadas diversas observações durante o ano de 2006 e 2007. A entrevista foi realizada em 15 de setembro de 2006 na sua residência.

Yalorixá CLOTILDE DE YANSÃ

Veio do Rio de Janeiro para Rondônia nos anos 80. Lá havia freqüentado alguns terreiros, no entanto em Rondônia deu-se a sua iniciação. Sua casa pertence ao axé do Babalorixá Raminho de Oxossi de Recife. Trabalha com a Pombagira Rosa Caveira. Tem 67 anos, é branca, segundo grau é separada, tem filhos e netos. Vive exclusivamente para o templo que dirige auxiliada por sua filha Rita de Cássia da Oxum. A casa possui um número reduzido de membros, com maioria absoluta de mulheres. Durante a realização do trabalho de campo apenas dois homens faziam parte do grupo na função de Ogãs. A observação foi realizada em 25 de setembro e a entrevista em 10 de novembro de 2006.

RITA DA OXUM

Sacerdotisa que se identifica como de Umbanda. Veio do Estado do Paraná, onde foi iniciada por um Pai de Santo já falecido. Em Rondônia, freqüentou casas que se identificam como de Umbanda, mas com raízes no Tambor de Mina, em razão de os líderes serem iniciados em antigas casas de Porto Velho-RO, de tradição Mina-nagô. Ela atende em na sua casa, local que também funciona o templo, com atendimento de jogo de cartas para suas clientes. Trabalha com a Pombagira Maria Padilha dos Sete Cruzeiros da Calunga. Rita tem 40 anos, branca, casada, terminou o segundo grau, é mãe e avó e se reconhece como umbandista. As observações foram realizadas em agosto e novembro de 2006 e as entrevistas realizadas nos dias 02 de fevereiro e 12 agosto de 2006, sempre na sua residência, onde também funciona o templo.

Ogã SILVESTRE

Tem o título de Ijiapogã e Olobe. Veio do Palácio de Obaluaê, no Maranhão. Pela sua família de santo é neto de Margarida Mota, neto de sangue de Mãe Dadá que era filha de santo de Ya Gometimé (família biológica) e sobrinho de Pai Euclides (família de santo) Depois passou para a nação Ketu e deu obrigação com Pai Tony de Oxossi filho de Yaçi de Yemanjá que é filha do Babalorixá Torodê do Rio de Janeiro. Veio da Mina do Maranhão, mas hoje se reconhece como do axé do Ketu. É casado, negro, 38 anos, tem filhos e é formado em Administração. É Ogã, por isso não incorpora com a Pombagira. Sua entrevista foi realizada no dia 15 de agosto de 2006, em espaço público.

Dofona MIRTES DE OYÁBALE

Frequentou a Umbanda e atualmente frequenta a casa da Doné Fátima de Oyá. Possui feituras com o Doté Nelson de Azanssún, que tem templo no estado do Rio de Janeiro, portanto pertence à nação Gege. Recebe sua Pombagira desde os 15 anos de idade. É negra, comerciante, estudou até o segundo grau, separada e tem dois filhos. A entrevista foi realizada no dia 26 de agosto de 2006, na sua residência.

Doté FRANCISCO DE ODÉ

Possui 30 anos de santo, mas deu obrigação de 21. Veio da Mina e passou pelo Nagô hoje pertence ao Gege. Seu atual Pai de santo é o Doté Nelson de Azanssún do estado do Rio de Janeiro. Tem sua casa de santo denominada Ilê axê Odé Onirê. Incorpora com a Pombagira que se identifica como Dona Cigana de La Fortuna Del Oriente, que diz ter sido quando viva afegã. Atende em sua própria residência, sendo que a cigana é quem faz o trabalho de atendimento ao público. Tem 45 anos é negro, possui o segundo grau completo, é funcionário público aposentado, casado e pai de nove filhos. Sua entrevista foi realizada no dia 02 de agosto de 2006, na sua residência.

RITA DE CÁSSIA DA OXUM

É filha carnal de Clotilde de Yansã, filha de santo de Raminho de Oxossi de Recife/PE. Nasceu no estado do Rio de Janeiro. Vive em Rondônia e auxilia sua mãe Clotilde de Yansã na administração do templo que funciona anexo a casa onde moram. É solteira, 37 anos, branca, formada em Letras. É funcionária pública, incorpora e trabalha com a Cigana da Praia. A entrevista foi realizada 10 de novembro de 2006.

MARCIO DA OXUM

É filho de santo de Jorge Ramalho de João Pessoa/PB. Pertence à família de santo do Babalorixá Roberto de Yemanjá. Sua mãe de santo é Madalena Lira e mãe pequena Maria de Honorato. Vive em Rondônia, tem 40 anos, técnico em processamento de dados, trabalha como analista de sistemas, solteiro e branco. Recebe a cigana Rosalinda, que ele define também como mestra de Jurema. A entrevista foi realizada no dia 06 de setembro de 2006, na sua residência.

Doné OTILIA DE OMOLÚ

É natural do Estado do Acre onde foi iniciada. Freqüentou outras casas religiosas, hoje pertence à nação Gege Mahi e tem como "pai-de-santo" o Doté Nelson de Azanssún do estado do Rio de Janeiro. É negra, funcionária pública, viúva, 55 anos de idade, possuindo segundo grau completo. Incorpora com a Pombagira Maria Padilha e a utiliza para atender as pessoas, na sua residência onde também funciona o templo. A entrevista foi realizada no dia 03 de setembro de 2006, na sua residência.

Doté Carlos de Togbô

Pertence à nação Gege. Dirige a Tenda Espírita São Sebastião e o templo denominado Casa Kye Togbo Oni Ibon (Casa do Senhor dos Metais) em Nilópolis/RJ. Realizou feitura com Roberto de Yemanjá que vive em Porto Velho, estabelecendo-se assim laços de parentesco entre as duas casas religiosas, havendo um permanente intercambio. Tem 28 anos, é negro, possui segundo grau completo. Solteiro, vive exclusivamente do e para o terreiro. Não incorpora com a Pombagira. Sua entrevista realizada no dia 06 de setembro de 2006, na cidade de Porto Velho no espaço do templo religioso Ilê de Nagô de Yemanjá Ogunté.

Doné FÁTIMA DE OYÁ

É filha de cearenses, nascida no Estado do Acre. Teve suas primeiras experiências religiosas na vivência familiar, tendo herdado de sua mãe Guiomar. Aos nove anos começando a incorporar e seus guias a trabalhar. Trabalha com a entidade espiritual Dona Jurema e seu João Boiadeiro desde os nove anos de idade e com a Pombagira Maria Padilha desde os doze e também trabalha com a Pombagira Maria Molambo. É viúva, possui o segundo grau completo, 52 anos de idade e branca. Dirige um templo de Porto Velho e é filha de santo com o Doté Nelson de Azanssún do Rio de Janeiro da nação Gege Mahi. A observação foi realizada em agosto de 2006. As entrevistas foram realizadas nos dias 28 janeiro e 20 de agosto de 2006.

ROSINHA DE YEMANJÁ

É natural do Estado do Paraná e frequenta a religiosidade afro-brasileira, desde que nasceu. Tem feitura na nação Gege. Antes passou pela Umbanda e pelo Tambor de Mima. É branca e casada. Possui 46 anos de idade, estudou até a sétima série do primeiro grau e tem filhos. Trabalha com a Cigana da Praia e atende na sua residência. A entrevista realizada no dia 16 de março de 2007, em espaço público.

Doté BETO DE BESSEM

É natural de Santarém, do Estado do Pará. Frequenta o candomblé há 35 anos e tem 25 de "feito no santo", ou seja, 25 anos que foi consagrado sacerdote. Vive em Porto Velho desde o ano de 1984 e possui templo funcionando. Disse que recebe uma cigana em algumas ocasiões, no entanto não trabalha com ela nas festas públicas. É negro, tem 49 anos de idade, nível superior, é separado, tem filhos e vive exclusivamente para a religião. Observação realizada em dezembro de 2006. Entrevista realizada no dia 20 de março de 2007, na sua residência.

DIAGRAMAS DOS TERREIROS OBSERVADOS

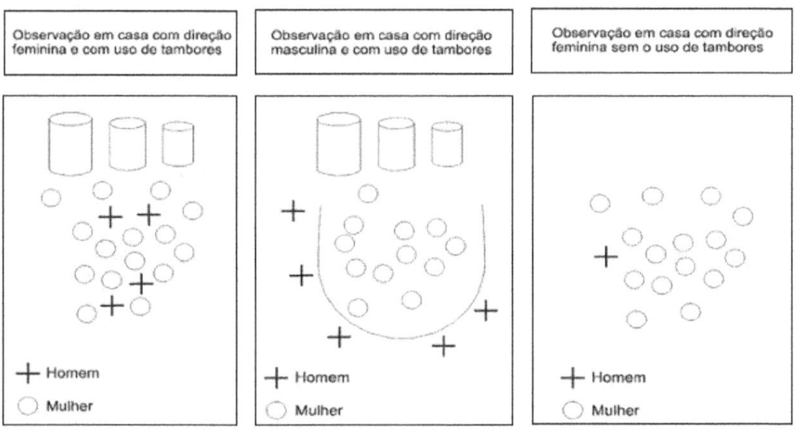

NARRATIVA
FOTOGRÁFICA

O girar como forma de chamar os deuses e deusas.

O movimento marcado pelas cores vermelha e preta, pelos sons, pelos cheiros que sinalizam a energia que se chama Pombagira.

Ela vem cigana, do
pandeiro, da praia,
das rosas.

Vem Maria Molambo,
pela água pelo fogo,
pelo vento...

Vem Maria Padilha, da encruzilhada,
da estrada, do cemitério, do cruzeiro....

Outras Marias, Rainhas, dos cabarés,
dos tantos espaços...

Sob o olhar divertido do Seu Zé Pelintra, o homem que gosta de bebida e de mulheres...

Sob o cuidado, proteção e densidade dos Exus que representam os homens e suas funções cuidadoras, mantenedoras...

Elas giram, maravilhosas, libertas.

O que é deles e o que é delas.

Ela é negra, universitária,
classe média

e incorpora a
Pombagira.

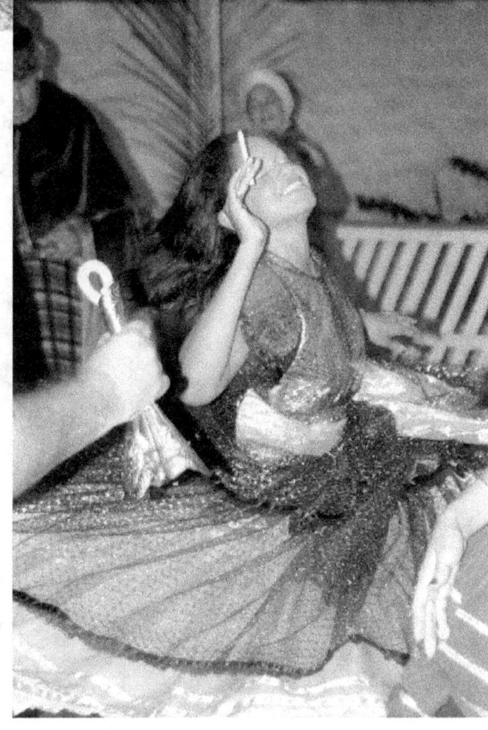

Ela é branca, universitária,
classe média

e incorpora a
Pombagira

Ela é negra, universitária,
balconista

e incorpora a
Pombagira

Ela é loira, com formação
universitária, classe média

E incorpora a
Pombagira.

Ela é negra,
cozinheira,
sem cultura
formal

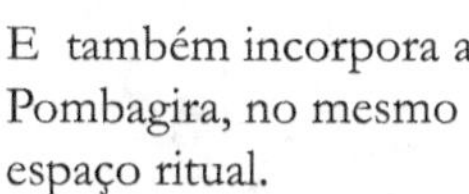

E também incorpora a
Pombagira, no mesmo
espaço ritual.

Exibem seus
enfeites,

seus objetos
de luxo e
fetiche,

de ritual,

que compõem a sua imagem

que lhes dão estética e gestual,

Ela vem, no corpo masculino e no feminino e é cuidada, observada, protegida pelo elemento masculino ao fundo.

seus objetos de luxo e fetiche,

de identificação,

que lhes enfeitam,

libertando corpos,

sob o olhar
denso

sério do elemento
masculino.

Ela é leve, livre no
corpo masculino,

e ele é tenso, sério
no corpo feminino.

Elas dançam leves,
cabeça erguida

se apresentam, dançam
para eles, como objetos
de luxo e sedução,

que assistem ao espetáculo da beleza e da sedução com a seriedade e responsabilidade dos homens.

Impressão
Viena Gráfica e Editora Ltda

www.ingramcontent.com/pod-product-compliance
Lightning Source LLC
LaVergne TN
LVHW020335200726
843507LV00012B/2368